经天纬地

王充思想学术研讨会集锦

中共绍兴市上虞区委宣传部 / 编

光明日报出版社

《经天纬地》编著人员

顾　　问：李春林　来颖杰
策　　划：张伟斌　盛世豪
主　　编：潘立峰
副 主 编：陈　野　丁福军
编　　委（按姓氏笔划为序）：
　　　　　　　王　宇　吕万玖　余彩龙
　　　　　　　陈永革　陈肖平　郁兴超
　　　　　　　曹建文　谢利根　楼胆群
责任校核：董　丹

研讨会合影

开幕式现场

光明日报社副总编辑李春林致辞

省委宣传部常务副部长来颖杰致辞

市委常委、宣传部部长丁如兴主持会议开幕式

区委书记陶关锋致辞

区委常委、宣传部部长潘立峰致闭幕词

会场一角

省社科院王充与浙学研究中心(上虞)授牌

省社科联省社科普及基地授牌

与会专家拜谒王充墓并合影留念

与会专家拜谒王充墓

与会专家参观王充陈列馆

与会专家参观章镇馆

序一

在王充思想学术研讨会上的致辞

陶关锋　中共绍兴市上虞区委书记

尊敬的各位领导、各位来宾,女士们、先生们、朋友们:

大家上午好!

金秋十月,丹桂飘香,硕果累累,在这收获丰收和喜悦的美好时节,我们欢聚一堂,隆重举行"唯物求真　改革创新——王充思想学术研讨会"。王充是上虞的乡贤,王充思想是中国传统思想的瑰宝,这次活动是王充思想学术研究界的一大盛会,是上虞文化事业发展中的一件大事,也是我们贯彻落实全国、全省宣传思想工作会议的实际行动。对办好这次研讨会,光明日报社和浙江省委宣传部、绍兴市委高度重视,各级领导亲临指导,省社科院、省社科联、绍兴市委宣传部各位领导多次到现场指导工作;来自全国各地的专家学者来虞分享经验、共话文化发展,为我们提供了一次难得的学习机会。借此机会,我谨代表中共绍兴市上虞区委、区人大、区政府、区政协,向出席本次研讨会的各位领导和专家、学者表示衷心的感谢和诚挚的欢迎!

上虞是古老的县、年轻的区,距今已有2200多年的建县历史,是中国古代"三皇五帝"中舜帝的故乡,是全球青瓷发源地之一,也是浙东唐诗之路的重要一站,历史上曾出现"舜会百官""东山雅聚""白马春晖"三次名人大聚会。2013年上虞撤市设区,成为绍兴主城区的重要组成部分,近年来我区主要经济指标增速一直位居省市前列,经济社会取得了长足发展,在最新公布的全国综合实力百强区中排名第40位。总结上虞发展的经验,非常重要的一条就是我们有强大的思想文化作为支撑。

中华优秀传统文化是中华民族的精神命脉,是涵养社会主义核心价值观的重要源泉。习近平总书记十分重视中华优秀传统文化,曾在不同场合引经据典,多次谈到王充或引用王充的思想观点。王充,作为两汉时期杰出的唯物主义哲学家,他的经济、政治、教育、人才和文学等诸多思想,都堪称人类思想宝库,尤其是其哲学思想,包括战斗唯物论、无神论主张和"实事疾妄"的思想都站在了一个时代的思想巅峰,经过时代的洗濯和沉淀,至今依然广被传诵,依然散发着真理的光芒;他的传世著作《论衡》具有十分重要的学术价值,对当今社会发展依然具有很强的指导意义和现实意义。可以说,王充思想是中华优秀传统文化的重要组成部分,作为王充先生的家乡,进一步弘扬和传承王充思想,推进中华优秀传统文化创造性转化、创新性发展,是我们的一份政治担当,更是一种文化自信。近年来,我们深入挖掘提炼王充思想的时代价值,重新修缮王充墓,建立王充纪念馆,切实把王充思想浸润到上虞发展的各方面和全过程,这次在省市有关部门和领导的支持下,又将成立"王充与浙学研究中心"、省级社科普及基地,必将进一步搭建起研究王充思想的重要平台、开展对外交流的重要窗口,为后续保护开发和传承弘扬奠定良好的基础。

　　当前,上虞正处于县域经济向城市经济转型、要素驱动向创新驱动转型、块状经济向产业集群转型的关键时期,我们抢抓全省大湾区大花园大通道大都市区建设和培育万亿级文化产业的东风,积极参与全市文创大走廊建设,深入挖掘孝德、乡贤等地域特色文化,引进培育建设一批重大文旅项目,大力发展全域旅游,最大限度把文化资源优势转化为发展优势。今年是改革开放40周年,本届王充思想学术研讨会,以"唯物求真、改革创新"为主题,与以改革创新为核心的时代精神相契合,对进一步扩大王充思想的影响力,具有十分重要的现实意义。我们将以此为契机,进一步坚定文化自信,增强文化自觉,深学笃用王充思想,着力抓好学术研究、队伍建设、推广普及、遗迹遗存保护发展等工作,努力把上虞打造成为王充思想研究、传播、推广的中心圣地,让王充思想在新时代散发出更加璀璨的光芒,为绍兴现代化强市建设贡献更多的上虞力量。今天,我们有幸邀请到了各位领导和专家学者前来参加活动,真诚希望大家对进一步挖掘传承弘扬王充思想,建设好"王充故里"多提宝贵意见建议,帮助我们把工作做得更好!

　　最后,预祝王充思想学术研讨会圆满成功!祝各位领导、各位来宾,身体健康、工作顺利、万事如意!

　　谢谢大家!

序二

不忘老祖宗　开辟新境界
——在王充思想学术研讨会上的发言

李春林　《光明日报》社副总编辑

尊敬的各位专家、各位领导：

大家上午好！

很高兴在深秋收获季节，来到历史悠久、人文荟萃的上虞，与中共浙江省委宣传部、中共绍兴市委，共同举办"唯物求真　改革创新——王充思想学术研讨会"，作为主办方之一，首先请允许我代表《光明日报》社，对各位专家、各位领导放弃周末休息时间出席研讨会，表示热烈的欢迎和衷心的感谢！对为本次研讨会成功召开付出大量辛苦工作的筹备组的各位同志致以崇高的敬意！

今年，我们迎来改革开放40周年，这是一个改变中国命运的极为重要的时间点。

历史，总是在一些特殊年份给人们以汲取智慧、继续前行的力量。

40年前，一篇理论文章的横空出世，深刻改变了中国。由《光明日报》刊发的《实践是检验真理的唯一标准》及其引发的真理标准问题大讨论，吹响了思想解放的号角，为重新确立党的解放思想、实事求是的思想路线，实现全党工作重心的转移奠定了理论基础，也为具有重大历史意义的党的十一届三中全会的召开，做了思想和舆论上的准备。从此，我们党带领全国人民开启了改革开放、建设中国特色社会主义的豪迈征程。

走过波澜壮阔的40年，在改革开放处于不惑之年、中国特色社会主义今日新时代的关键时刻，习近平总书记特别强调："我们要以庆祝改革开放40周年为契机，逢山开路，遇水架桥，将改革进行到底。"这个庄严宣示，既彰显了强大的改革信念,更昭示了坚定的改革决心。

改革开放与中国特色社会主义是紧密连在一起的。坚持社会主义方向,就是坚持以马克思主义为指导,在今天,就是坚持以马克思主义中国化的最新成果——习近平新时代中国特色社会主义思想为指导;彰显中国特色,就是立足中国大地,适应中国国情,善于从中华优秀传统文化中汲取智慧和力量。回望和总结40年来的这场深刻变革,改革开放留给我们的一个重要经验,就是不忘老祖宗,开辟新境界。

在中国思想文化的历史殿堂中,出生于上虞的著名哲学家、被后世誉为"汉世三杰"之一的王充,是一位重要人物。王充的哲学思想和唯物论、无神论主张,不仅代表着当时最高水平,对后世也产生了深远影响。他的一些重要论述,如"知屋漏者在宇下,知政失者在草野""人才有高下,知物由学""凡贵通者,贵其能用之地""文人之笔,劝善惩恶""涉浅水者见虾,其颇深者察鱼鳖,其尤深者观蛟龙",历久弥新,至今仍然具有强烈的震撼力,仍然具有重大的时代意义。特别是在东汉纬之学盛行的大环境中,王充身上洋溢的坚持真理、批驳谬误、实事求是的科学精神,奋发努力、积极进取、开拓创新的创造精神,让一代又一代的学人不胜景仰。

今天,在改革开放40周年的时间节点上,在因为改革开放而快速发展的上虞,我们以"唯物求真、改革创新"为主题,研讨王充的思想学术,具有重要的理论价值和实践意义。

目前,中央广播电视总台"百家讲坛"栏目正在播放《平"语"近人——习近平总书记用典》,光明日报每天刊登一集解说词,受到广大观众和读者的欢迎。习近平总书记在讲话中善于用典,王充的名言,就曾被他多次引用。绵延五千年的中华文明,是中华民族的血脉,是全人类的富贵精神财富。解决中国的问题,做好中国的事情,首先要从中华优秀传统文化中寻找滋养和启发。如何从中华优秀传统文化中发掘治国理政的智慧?如何架起古典与当代、马克思主义与中华传统文化之间的桥梁?如何实现中华传统文化的创造性转化与创新性发展?如何让中华优秀传统更好地走向世界普惠世界?习近平总书记就是我们的学习榜样。我们向总书记看齐,以"创造性转化与创新性发展"的科学态度和正确方法,来深入研讨王充的思想学术,一定能结出丰硕成果。

上虞是光明日报创刊总编辑胡愈之先生的故乡,光明日报的员工来到上虞,备感亲切。我们为上虞在改革开放中取得的巨大成就而高兴和点赞,我们更祝愿上虞通过全面深化改革、继续扩大开放,在全面建成小康社会的征途上创造更加辉煌的业绩!

《光明日报》是一张以知识分子为主要读者对象、以思想文化为宣传报道特色的中央党报。传承中华优秀传统文化,建设社会主义先进文化,是《光明日报》的神圣使命。正是基于这样的使命感,我们参与主办王充思想学术研讨会。各领域的专家学者,既是《光明日报》的重要报道对象,更是《光明日报》的重要作者。创刊近70年来,《光明日报》与专家学者形成了良好的互动,结下了深厚的友情。今天,我要借此机会,向长期关心和支持《光明日报》工作、给《光明日报》惠赐佳作的在座的各位领导、各位专家表示深深的谢意!当前,《光明日报》正在加快推进媒体深度整合,推动报社整体转型,今后,我们将在报、网、端、微一体化的更大平台上,为广大知识分子提供更好的服务,为新时代中国特色社会主义思想文化建设作出更大的贡献!

最后,预祝研讨会取得圆满成功!

谢谢大家!

在2018上虞·王充思想研讨会开幕式上的讲话

来颖杰　浙江省委宣传部常务副部长

各位专家、同志们：

　　金秋十月，江南景胜。今年是东汉著名哲学家、思想家王充诞辰1991年。今天，光明日报社、浙江省委宣传部、绍兴市委在王充的故乡绍兴上虞，联合举办以"唯物求真，改革创新"为主题的王充思想研讨会，有重要的现实意义。首先，我谨代表浙江省委宣传部对研讨会的召开表示热烈的祝贺，对各位专家学者的到来表示诚挚的欢迎！

　　中国是文化大国，源远流长的传统文化，积淀着中华民族深沉的精神追求和丰厚的思想财富。党的十八大以来，习近平总书记对中华优秀传统文化的传承弘扬和创新发展极为重视，做出一系列重要论述。他指出，"优秀传统文化是一个国家、一个民族传承和发展的根本，如果丢掉了，就割断了精神命脉""中国优秀传统文化的丰富哲学思想、人文精神、教化思想、道德理念等，可以为人们认识和改造世界提供有益启迪""要加强对中华优秀传统文化的挖掘和阐发，把跨越时空、超越国度、富有永恒魅力、具有当代价值的文化精神弘扬起来"。王充是中国古代朴素唯物主义思想家，为人类科学思想发展做出了重要建树。在东汉前期谶纬神学猖獗的年代里，王充继承先秦唯物主义的思想传统，吸收汉代自然科学成就，提倡"重效验""疾虚妄"的求实精神，提出以"天道无为自然"为基本特征的一系列唯物主义观点，是那个时代最伟大的人物之一。他的代表作《论衡》，系统阐述了唯物主义自然观，对种种神学迷信予以揭露，是中国思想史上一部划时代的无神论著作。尽管对王充及其《论衡》的观点，历代都有争论，但他的思想从未被淹没，一直在泽被后世,愈到今天愈加放射出耀眼的真理光芒。在清末刊刻的《百子全书》中,王充被列为先秦以来中国2000多年最具有影响力的"100位思想家之一"。20世纪50年代,王充被国际汉学界公认为"中国古代的唯物主义者和启蒙思想家"。20世纪70年代,在国际汉学界(包括国内学术界)掀起了研究王充思想的热潮。今天,我们对王充思想进行系统研究、深入研讨,就是要从历史的纵轴、世界的横轴梳理总结、客观评价其对中国哲学、世界哲学的独特贡献,就是要更好地从中萃取智慧精华、凝练当代价值,实现古为今用、守正创新。

  浙江是文化之邦,王充是浙江大哲、会稽智者、上虞名哲,他的思想成长植根于我们脚下这片热土,同时他的思想品格对浙江文化的演进发展又产生了深远影响。作为"浙学"的重要开创者,王充一生致力于求学、求知、求真、求实,其治学著述的理论品质,体现于独特的思想、批判的精神、精到的见解、先进的方法,特别是其"实事疾妄"的治学态度和批判精神,为浙学传统的求真务实精神奠定了思想基础。这种品格,在后来的浙江思想家如陈亮、叶适、王阳明、黄宗羲、龚自珍、章太炎、鲁迅身上,表现尤为突出。这一科学务实的思维方法和行事风骨,也早已超越学界范畴,成为浙江区域文化的价值特质、浙江人文精神的重要底蕴,以文化软实力的形态长期存在并发挥着积极作用。习近平总书记在浙江工作期间,曾大力倡导以"求真务实、诚信和谐、开放图强"为内容的"与时俱进的浙江精神",在其撰写的《与时俱进的浙江精神》一文中特别提到王充的"批判"与"自觉",这是对王充思想作为浙江人"求真""务实"精神重要渊源的深层追溯和充分肯定。正是这种崇尚实际、实事、实干,一切从实际出发,尊重客观事实的品质,激励着浙江人民永不自满、永不停息,在各个不同的历史时期不断地超越自我、创业奋进。正如习近平总书记当年所说,"渊源有自的浙江地域文化传统和与时俱进的浙江文化精神,她滋育着浙江的生命力、催生着浙江的凝聚力、激发着浙江的创造力、培植着浙江的竞争力。"今天,我们温故古代先贤的有字之书,目的是要牢记其中的无字之语,秉持时时处处以"事实""立证验"辨别真伪、衡定虚实的实践原则,以新时代的"求真""务实",推动方方面面的工作始终走在前列谋新篇、勇立潮头显担当。

  思想的产生,离不开思想家对时代之问的深入思索、对客观真理的不懈探求;思想的光大,离不开后来者接过追问真理的"接力棒",沿着先贤的足迹创新发展,继而指引当下、走向未来。党的十八大以来,习近平总书记多次强调,"不忘历史才能开辟未来,善于继承才能善于创新""努力实现传统文化的创造性转化、创新性发展,使之与现实文化相融相通,共同服务以文化人的时代任务"。在今年8月召开的全国宣传思想工作会议上,习近平总书记再次强调,"中华优秀传统文化是中华民族的文化根脉,其蕴含的思想观念、人文精神、道德规范,不仅是我们中国人思想和精神的内核,对解决人类问题也有重要价值。要把优秀传统文化的精神标识提炼出来、展示出来,把优秀传统文化中具有当代价值、世界意义的文化精髓提炼出来、展示出来。"在浙江工作期间,习近平总书记就十分重视推动传统文化的创造性转化、创新性发展。他亲自主持了作为浙江文化建设"八项工程"之一的浙江文化研究工程,通过重点研究"今、古、人、文",系统梳理浙江优秀传统文化的历史成历史成就和当代发展,深度挖掘浙江文化底蕴,研究浙江现象,总结浙江经验,指导浙江发展。正如总书记说的"今天我们踏着历史河流,受着一方百姓的期许,理应负起使命,让我们的文化连绵不绝,让我们的创造生生不息"。

学界对王充思想的研究已经取得了丰硕成果,进入新时代,我们要进一步拓展研究思路,在已有的研究成果上,坚持学术研究为主,正确运用唯物主观,利用方法,统筹学习思想史、文化史、教育史等诸多方面,将王充思想的历史渊源、价值理念、鲜明特色充分发扬光大。作为王充的故乡上虞,要紧紧抓住学习王充思想的契机,将王充丰富思想和传世著述的研究、宣传纳入历史文化名城,品牌打造内容,结合时代的要求,努力将区域文化更好地加以挖掘。这次王充思想研讨会的召开,既是对王充思想内涵深入的探讨研究,更是对王充思想时代价值挖掘和思考。集众人之智、汇名家之言,为进一步丰富王充思想研究成果保护,弘扬优秀传统文化,作出我们应有的贡献。

最后预祝本次研讨会取得圆满成功!

目 录

序一　在王充思想学术研讨会上的致辞 …………………………… 陶关锋 / 001
序二　不忘老祖宗　开辟新境界
　　——在王充思想学术研讨会上的发言 ………………………… 李春林 / 003
序三　在2018上虞·王充思想研讨会开幕式上的讲话 ………… 来颖杰 / 006

求真的科学哲学家——王充 ……………………………………… 周桂钿 / 001
《论衡》的海洋主题与王充的海洋意识 ………………………… 王子今 / 008
王充自然主义的生态哲学思想 …………………… 乔清举　赵庆灿 / 023
王充思想方法简论 ………………………………………………… 关增建 / 032
王充"疾虚妄"：破和立的统一 …………………………………… 陈卫平 / 047
衡平与创新：王充思想的发生原理 ……………………………… 王　珏 / 052
王充的批判精神及其历史影响 …………………………………… 李维武 / 068
王充命定论发覆 …………………………………………………… 胡发贵 / 086
王充在越文化发展史上的经典意义 ……………………………… 潘承玉 / 092
王充思想新论 ……………………………………………………… 任蜜林 / 100

王充与浙江精神 …………………………………… 张宏敏 / 109

论王充思想文化精神的内涵

　　——为纪念王充诞辰1990年而作 …………………… 徐　斌 / 119

王充经学观辨析 …………………………………… 吴从祥 / 128

通经致用

　　——略论王充的学术取向 …………………………… 白效咏 / 139

王充研究的走向及其特征

　　——基于中国知网"计量可视化分析"的研究 ………… 宫云维　戴颖琳 / 144

略论王充的著述观 ………………………………… 黄宛峰 / 152

有德必有位？

　　——王充《论衡·逢遇》中的政治际遇论 ……………… 朱　承 / 158

后　记 ……………………………………………… 潘立峰 / 163

求真的科学哲学家——王充

周桂钿 （北京师范大学哲学系）

一、王充新传

《后汉书·王充传》只有数百字，过于简略。结合《论衡》内容，整理出王充生平资料，重编其新传如下。

王充，字仲任，会稽上虞（今浙江上虞）人。他的祖先原籍在魏郡元城（今河北大名）。由于几代从军有功，封会稽阳亭，从魏郡迁到会稽郡。但几年之间，所封的爵位和土地就丧失了，于是就在那里落户当平民，从事农业生产。世祖是武将出身，脾气粗暴，容易得罪人，特别是灾荒之年，还拦路抢劫，结怨甚多。当时社会混乱，很怕有仇人报复，于是搬到了钱塘县（今浙江杭州）。祖父王汎有两子：长子王蒙，次子王诵。王诵即王充的父亲。王蒙、王诵也像先辈那样意气用事，盛气凌人，在钱塘县又跟豪强丁伯等结怨，所以又将全家搬到上虞县定居。

建武三年（27），王充诞生。王充小时与伙伴玩，不喜欢打闹。小伙伴们喜欢捉麻雀、捕蝉，或者玩钱、爬树，王充都不感兴趣，其父王诵感到奇怪。王充六岁时学写字，规规矩矩，很有礼貌，又很庄重，说话少而有分寸，很像成年人，似乎没有少年的稚气。父亲没有打过他，母亲也没有责备过他，乡里人也没有指责过他。所以，王充有"乡里称孝"的好声誉。

不久，王诵去世，王充成了孤儿。他八岁到书馆学习，书馆里有学生一百多人，都因有过失受到惩罚，有的由于字写不好而挨打，只有王充写字天天有进步，又没有过失，所以从来没有受惩罚。

王充十七八岁时，告别启蒙老师，到京师洛阳去求学。他在太学深造，拜班彪为师。读《论语》《尚书》等儒家典籍，每天可以背诵一千多字。班彪的儿子班固当时年方十三岁，王充与他谈话，见其谈论哲理，推论严密，叙述事情，条理清晰，语言精练，详略合适，便抚班固背对班彪说："此儿必记汉事"，"此儿必为天下知名"。后来，班固撰《汉书》，成为著名的史学家。

建武二十三年(47)，班彪复辟司徒王况府，为司徒掾，并开始撰写《续太史公书》。这时，王充自觉"经明德就"，经书学好了，也树立了正确的道德观念，就"谢师而专门"，辞别老师，按自己的想法进行专门研究。他喜欢博览群书，不拘泥于章句之学。他经常到洛阳市场上阅读所卖的书，读一遍就能背下来，就这样博通了诸子百家的书。与朋友谈论时，王充经常提出一些新观点，大家开始都认为极其荒谬，听他说完，又都觉得很有道理。写文章也是这样，最后，大家都称赞他的文章很奇妙。

在洛阳期间，王充开始接触到天文学方面的言论。他一方面进行实际观察，观察日月运行、北极星和二十八宿，还询问过从日南郡回来的人。另一方面阅读有关天文的书籍，如邹衍之书、《禹纪》《山海经》《淮南子》和《周髀算经》等。经过初步研究，王充认为天是固定的形体，像玉石那样，不是像云烟那样的气。从此以后，王充一直思考天文学问题，又做过许多研究，终于形成了自己的天文学体系——方天说，写成了天文学专论——《说日》篇。王充对天文学的研究，为他的天地本原论宇宙观奠定了坚实的基础，也为他反驳天人感应论提供了丰富的资料和有力的证据。

建武二十八年(52)，司徒掾班彪奏事，并替光武帝草拟给南匈奴的诏书。不久，班彪离开洛阳，到望都县任长官。建武三十年(54)，班彪死于官所。王充大约在这一时期离开洛阳，到外地任职。他可能先到陈留一带任职，先在县任掾功曹，后在陈留郡为列掾五官功曹行事，也在州任过从事。

王充在陈留一带任职期间，好学深思的习惯不变，追求真知的欲望未减。每到一地，每见一物，总是细心观察，反复思考。例如，建武三十一年(55)夏，发生蝗灾，他就细心观察蝗虫的情况："蝗食谷草，连日老极，或蜚徙去，或止枯死。"又如，当年秋天，陈留雨谷，谷下蔽地。他观察到："案视谷形，若茨而黑，有死于稗实也。"有人被雷电击死，他赶赴现场，接近死者，仔细观察，发现"中头则须发烧焦，中身则皮肤灼爇,临其尸上闻火气"。他还了解到温湿之气容易生虫的情况,并从农民那里获得"煮马粪汁渍种"可以"令禾不虫"的知识。这些丰富的知识和经验,为他以后撰写《论衡》提供了资料,为驳斥书本上的虚妄之言提供了大量的根据,也为论证天道自然论增加了证据。因此,他认为,道家论自然,人们不相信,就是因为缺乏充分的实际例子作为证据。

王充博学多才,在知识分子群中,恰似鹤立鸡群。从京师转到地方,高深的学问没有人理会,有点曲高和寡的感觉。新到地方,人生地不熟,办事较难。再加上大学问家不善于处理人事关系,也不善于处理日常政务,有时出错,受到上司的指责。但他自恃满腹学问,不甘示弱,于是连篇累牍地讨论儒生与文吏的优劣短长。他认为:"文吏瓦石,儒生珠玉。"抑文吏,褒儒生,实际上是在为自己辩护。同时,他也不得不承认文吏在处理政务和人事纠纷方面比儒生有本事。他又认为儒生对政务琐事不是学不会,而是不肯干。他对文吏的论争引出对上级(刺史、太守)的不满情绪,认为他们水平低,不能知贤,无力举贤,还要妒贤、害贤。在封建时代,得罪了同僚和上司,升迁自然是困难的。王充还不了解这种现实,开始还用"大器晚成,宝货难售"来安慰自己。后来,到了晚年,仍然没有谋到什么称心的官职。那时却把一切现实当作命定的结果,产生了性命论思想。

身处逆境而奋发图强,心怀忧患又好学深思,再加上丰富的知识和科学的理性,是成就王充这位著名哲学家的基本条件。

永平初年,王充从陈留又回到洛阳,永平二年(59),明帝临辟雍。王充观看了这一盛况,写了《六儒论》。同时,还写了《讲瑞》《谰时》《率性》等篇,力求解释一些社会现象,批判世俗迷信。

永平十年(67)左右,王充可能到兖州任从事。当时,陈留人虞延当了司徒公。陈留传出虞延诞生时的奇异现象:夜间出生,母亲看见天上有一道白亮的光气。王充说他"气与天通,长大仕宦,位至司徒公"。王充又看到陈留人焦贶,"名称兖州,行完迹洁,无纤芥之毁,及其当为从事,刺史焦康绌而不用"。也许王充为焦贶力争,被焦康免职。这时他体会到人情的冷暖。"俗性贪进忽退,收成弃败。充升擢在位之时,众人蚁附;废退穷居,旧故叛去。志俗人之寡恩,故闲居作《讥俗》《节义》十二篇。冀俗人观书而自觉,故直露其文,集以俗言。"后归乡里,屏居教授。

王充"得官不欣,失位不恨",罢职在家,不甘寂寞,博览群书,好听怪论。他感到社会上流行的言论和书籍,很多都是虚妄的。社会责任感迫使他关起门来,做研究考辨的工作。"九虚""三增"《论死》《死伪》《遭虎》《乱龙》等大概都是这一时期的作品。这一批文章的主旨是"疾虚妄",目的在于"冀悟迷惑之心,使知虚实之分",希望能将社会风气从浮华虚妄转为实诚纯朴。这批文章汇编成一书,《论衡》已初具规模。

建初元年(76),已经五十岁的王充又回到颍川郡去任功曹。当时中州受灾,农业歉收,颍川、汝南的人民四处流浪,逃荒要饭。皇帝关心灾情,几次下诏书到颍川。任郡功曹的王充积极向太守提出建议,主张禁止奢侈,以备困乏。太守自己重享受,不能采纳禁奢侈的建议。王充把自己的建议写成文章,题名《备乏》。饥荒的时候,粮食缺乏,王充看到酿酒要耗费大量粮食,而且饮酒会引发偷盗抢劫,扰乱社会治安,就向太守提出禁止人民酿酒的建议,回家后给这篇奏记题名《禁酒》。以后又写了一系列文章,都是论述治民之道,提出具体政治措施。后来他将这些文章汇编成书,名《政务》。因为王充多次提出建议,太守都不肯接受,所以,王充就辞去郡功曹的职务,再次回到家乡。"乃闭门潜思,绝庆吊之礼,户墉墙壁各置刀笔。"王充将自己的文章进行整理、补充、修订,又写了一些篇目,汇编为《论衡》一书。并写了自传性质的《自纪》篇,一方面叙述自己的身世、简历,一方面为自己的著述做出说明,同时驳斥别人的主要问难。

元和三年(86),王充被扬州刺史董勤辟为从事,负责丹阳、九江、庐江三郡的监察工作。后被调到扬州任治中,负责各郡监察情况的汇总工作。这一时期由于政务繁忙,无暇著述,因此感到"笔札之思,历年寝废",有点惋惜。于章和二年(88)辞职,回家居住,又继续整理自己的文章。《讲瑞》篇从"为此论草于永平之初"到最后,这一段话就是在这一时期修订中增加的。

这时,同郡友人谢夷吾上书章帝,推荐王充。他说:"充之天才,非学所加,虽前世孟轲、孙卿,近汉扬雄、刘向、司马迁,不能过也。"章帝特召公车征,王充因年老身病,无法应征,实是终身憾事。

永元二、三年(90—91),王充六十多岁,总结老年保养身体的经验,有养气爱精、节制饮食、闭目塞聪、适当导引、辅助服药、自保自守等方面,写成《养性》一书,共十六篇。最后在原来写成的《自纪》篇后面加上一段文字,补充说明他从元和三年以后的历程,记述了自己六十岁以后的晚年生活和心境。

永元中,约公元97年前后,王充七十岁左右,病卒于家。

二、求真思维 创新见解

汉武帝时代是盛世,经过王莽动乱,光武帝复兴,建立东汉。这时虽然算不上盛世,也应该是平安时期。王充就生活在这样的时代。

平安时期,社会成员,不论官员,还是平民,一切言行要有利于维护社会稳定。这时已经独尊儒学一百多年了,儒学在广泛传播的同时,也逐渐被人神化。歌颂儒学,逐渐变成神化儒学,神化孔子,于是产生了附会于经书的纬书。王充有求真的科学精神,根据自己的实践经验,结合当时最新的科学研究成果,使用逻辑推理的方法,对经书、史书上记载的说法以及社会上流传的各种说法,进行分析,发现不正确的言论,不符合事实的情况,或者没有道理的说法,他就把它们列入"虚"和"妄"的行列,进行分析批判,他称之为"疾虚妄"。疾,就是强烈反对,如"疾恶如仇"中的疾。王充"疾虚妄",为了追求真实与合理的"求实诚",他写作的"九虚""三增"以及《论衡》全书,都是这种思路,因此,可以将他的理论宗旨归结为"虚实之辨"。他的著作名为《论衡》,意为用理论进行衡量,有重新审定的意思。

王充对当时社会风俗习惯、各种流传的说法以及社会现象的方方面面,都进行了重新审定、评论,产生了很多闪光思想。《论衡》简直是一部百科全书,内容庞杂丰富。现选择几点,以见一斑。

(一)《谈天》《说日》

这是《论衡》中王充专门谈论天文学的论文。中国古代谈论天文学的,在汉代进入了一个新阶段。此前谈天很少从科学意义上研究,而汉代则是从科学上开始研究天。当时谈天有三种说法:盖天说、浑天说、宣夜说。盖天说主要观点是:天是固体的,在人的头上,像盖子。最初的说法是,天像伞盖,是圆的,地像棋盘,是方的。这是最古老的天圆地方说。后人有怀疑,圆天盖在地上,地的四角却都在天外,那里的地上没有天,可能吗?后来有新的说法,天像圆形的锅盖,地像扣在那里的圆盘,都是拱形的,各处相距都是八万里。这样地上都有天,天下都有地。西汉末年,思想家扬雄也参与了天文争鸣。他开始主张天说,经别人说服,改信浑天说,作《难盖天八事》,给盖天说提出八条责难。主张盖天说的人没有回答这些问题,浑天说占了上风。

浑天说认为天体像鸡蛋壳,在地上旋转。当时以为是平面的固体。王充就提出,地面那么结实,天如何从地下穿过? 直到张衡提出浑天说,地像蛋黄,处于天中不动,才解决了天体旋转的无障碍问题。

王充作为哲学家,对于天体运行,只是从理论上进行探讨。他基本赞成盖天说的思想,并做了一些修正,认为天是平的,人们看天四周低下,不是天的形状,而是远看产生的错觉。他说在大湖边看不见对岸,只觉大水相连,与此相似。天体不可能转入严实的地下,只是运行到远处就看不到了。天说三家都是天文学研究的结果,在汉代是科学的前沿,不是直观就可以验证的。但王充提出质疑,对天文学发展有推动作用。

王充的天说,被后人称为平天说,在天文学史上没有地位,相当于盖天说的一个分支。

(二)"天禀元气"

这一句话,十分关键,天与元气,哪一个更根本,就决定了王充的本原论要辨别清楚,首先要读懂这个"禀"字。

禀有禀受的意思。如果说天是禀气而产生的,那么,元气就比天更根本,许多学者因此推定王充为"元气一元论者"。

禀还有另一意思,即施予,"天施予元气",那么,天就更根本。王充讲到天地无始无终,又说"天施气","天地合气,化生万物"。

"天禀元气,人受元精",天与人相对为言。从整个思想和具体论述,此话理解为天施予元气,更合理一些。据此,我以为王充的宇宙观应该是:天地本原论。天地派生各种气,这些气相互结合,产生万物,同时也产生了人类。

(三)"知为力"

这句话,译成现代文,就是"知识就是力量"。王充对此做了论证,并且认为知识的力量大于体力、筋骨之力。王充的知识论以此为主要特点和最高成就。这话与英国哲学家培根所见略同。有的学者因此认为王充是中国的培根。有的人认为培根了不起，这样抬高了王充。但是，这是抬高了培根！王充比培根早一千五百多年，王充所处的东汉时代是中国封建社会上升时期，而当时英国那个地方还是文明空白处。过一千年后，才出现英国小城邦，处于原始社会，或奴隶社会。资产阶级在英国闹革命以后，才有较大发展，产生了像培根这样的杰出人物。如果说培根是英国的王充，虽然抬高了培根，也还可以勉强让人接受。

（四）《宣汉》《须颂》

王充认为，社会上流行的说法，称赞古代圣人治世过度夸张，称治泰盛，说什么尧舜德优，一人不刑；尧舜之民，此屋可封；圣人治世，诸多瑞应。王充从统治地域、人口数量、物质条件、文明程度诸多方面进行比较，得出结论："实商优劣，周不如汉。"

夏、商、周三代也是发展的过程，孔子认为周高于夏、商，所以他说："吾从周。"王充认为从各方面比较，汉高于周。这说明历史在不断进步中。这就是王充的历史观。

历史在进步，当前的汉朝是历史发展的结果，是最先进的，因此，要"宣汉"，宣扬汉朝。王充认为，文人应该实事求是地歌颂汉朝的兴盛。但是，有人在歌颂中胡吹，任意夸张，加油添醋，那是不合适的。那些现象正是"九虚""三增"所批评的。

总之，王充《论衡》的主体就是"九虚""三增"，主旨就是"疾虚妄"，目的在于"求实诚"。王充对于社会问题，宗旨在于求真，对于自然问题，也是求真。宇宙万物都是各种不同的气聚合而成的，而所有的气都是天地派生的，天地是无始无终的物质实体。因此，王充的宇宙观就是唯物的天地本原论。对社会问题的看法，他不崇拜偶像，不迷信权威，以求真的态度，研究历史与现实，孔子认为周朝比夏、商进步，他认为汉代比周朝进步。这就形成社会历史发展观。在认识论上，王充在培根之前一千五百年就认识到知识是比体力更强大的力量。王充是求真的科学哲学家，是中国古代典型的唯物主义者，因此王充被看作异端哲学家，不被历代当政者重视。

《论衡》的海洋主题与王充的海洋意识

王子今

(中国人民大学国学院,出土文献与中国古代文明研究协同创新中心)

摘 要:《论衡》作为汉代文化史中具有标志性意义的名著,内容丰赡,视野宏阔,思辨精深,论说明朗。其中涉及海洋的内容,以越人重视海洋开发的传统为基础,亦以战国秦汉时期海洋探索及早期海洋学知识积累为文化背景,具有值得重视的价值。其中涉及海洋气象知识、海洋水文知识、海洋生物知识的内容,开启了我们认识汉代海洋学的视窗。而作者王充体现出开放胸怀、进取意识和实学理念的海洋意识,也值得予以总结和说明。考察汉代的海洋文化,不能忽略《论衡》这部著作,也不能忽略王充这位思想家。

关键词:王充 《论衡》 海洋 交通 神仙

王充著《论衡》,成就了体现东汉时期思想文化丰收的代表作。作为汉代文化史乃至中国古代思想史进程中具有标志性意义亦形成深刻影响的名著,《论衡》内容丰赡,视野宏阔,思辨精深,论说明朗。《论衡》中涉及海洋乃至海洋开发之有关经济生活、神秘信仰、地理观察等内容,以越人重视海洋开发的传统为基础,亦以战国秦汉时期海洋探索及早期海洋学知识积累为文化背景,具有值得重视的价值。其中涉及海洋气象知识、海洋水文知识、海洋生物知识的论说,开启了我们认识汉代海洋学的视窗。《论衡》作者王充体现出开放胸怀、进取意识和实学理念的海洋意识,也值得予以认真的分析、总结和说明。秦汉社会的海洋意识有体现出历史意义的觉醒,海洋开发也取得空前的成就。①考察汉代的海洋文化,理解汉代的海洋文化,不能忽略《论衡》这部著作,也不能忽略王充这位思想家。

1."负海""浮海"体验:越人的远航能力与海洋情感

王充《论衡·定贤》在政治论说中经常以"海"为喻。如:"浮于海者,迷于东西,大也。行于沟,咸识舟楫之迹,小也。小而易见,衰乱亦易察。故世不危乱,奇行不见;主不悖惑,忠节不立。鸿卓之义,发于颠沛之朝;清高之行,显于衰乱之世。"所谓"浮于海者,迷于东西",似是经历航海实践获得的体验。又如《论衡·说日》:"乘船江海之中,顺风而驱,近岸则行疾,远岸则行迟。船行一实也,或疾或迟,远近之视使之然也。"有这种"顺风而驱,近岸则行疾,远岸则行迟"的感受,并经思考,得到"或疾或迟,远近之视使之然也"的认识,应当也是亲身"乘船江海之中"的心得。

《文选》卷二八谢灵运《会吟行》:"列宿炳天文,负海横地理。"李善注:"《汉书·地理志》曰:'吴地斗分野。'《论衡》曰:'天晏列宿炳奂。'晁错《新书》曰:'齐地僻远负海,地大人众。'宋衷《易纬注》曰:'天文者谓三光,地理谓五土也。'"吕向注:"星纪吴之分野,故云'列宿炳天文'。炳,明。负,背也。言后背海水横镇于地理。"②所谓"《论衡》曰'天晏列宿炳奂'",应即《论衡·超奇》"天晏列宿焕炳"。谢灵运"列宿炳天文,负海横地理"语,注家引《论衡》解释"列宿",而"负海"其实是《论衡》作者王充出生与多年生活的"地理"背景。

所谓"负海",是战国秦汉时期人们指说滨海地方的语言习惯。《史记》卷七〇《张仪列传》:"齐,负海之国也。"③《史记》卷七八《春申君列传》:"(齐)东负海。"④《史记》卷六〇《三王世家》载录汉武帝语"齐东负海"。⑤对于秦政的批判,常见涉及滨海地方经济政策的"使天下蜚刍挽粟,起于黄、腄、琅邪负海之郡,转输北河,率三十

基金项目:国家社科基金重点项目"秦汉时期的海洋探索与早期海洋学研究"(批准号:13AZS005)

① 王子今.秦汉时期的海洋开发与早期海洋学.社会科学战线,2013(7).
② 〔梁〕萧统编,〔唐〕李善、吕延济、刘良、张铣、吕向、李周翰注:《六臣注文选》,中华书局据商务印书馆影印涵芬楼藏宋刊本《四部丛刊》初编版1987年8月影印版,第527页。
③《史记》,第2294页。
④《史记》,第2392页。齐国"负海"之说,又见于《史记》卷九七《郦生陆贾列传》,第2694页。
⑤《史记》,第2115页。

钟而致一石"之说。①或言"转负海之粟致之西河"。②《汉书》卷二七下之上《五行志下之上》："秦大用民力转输,起负海至北边。"颜师古注："负海,犹言背海也。"③《汉书》卷二四上《食货志上》所谓"募发天下囚徒丁男甲卒转委输兵器,自负海江淮而至北边","负海江淮"的说法突破了"齐地负海"④的认识,体现"负海之郡"、"负海之国"⑤已经不限于齐地,而扩展至于"江淮"地方。"负海江淮"的说法又见于《汉书》卷九九中《王莽传中》："募天下囚徒、丁男、甲卒三十万人,转众郡委输五大夫衣裘、兵器、粮食,长吏送自负海江淮至北边,使者驰传督趣,以军兴法从事,……"⑥而《后汉书》卷一八《陈俊传》："诏报曰:'东州新平,大将军之功也。负海猾夏,盗贼之处,国家以为重忧,且勉镇抚之。'"其中"负海"与"东州"对应,"负海"所指即东部滨海地方。陈俊以军力平定"青、徐"地方,包括琅邪、赣榆、朐等地。李贤注引《华峤书》曰:"赐俊玺书曰:'将军元勋大著,威震青、徐,两州有警,得专征之。'"可知所说"东州""负海"地方,指"青、徐""两州"。⑦而《续汉书·五行志二》言黄巾暴动致使"役起负海",由黄巾军"七州二十八郡同时俱发"⑧推想,"负海"所指空间区域可能更为广阔。

王充出生与长期生活的会稽地方,也是"负海之郡"。这里曾经是越文化的重心区域。越人在航海能力方面的优势,有悠远的历史记忆。

宋台州宁海人陈耆卿撰《赤城志》卷三九《遗迹》"古城"条："在黄岩县南三十五里大唐岭东。外城周十里,高仅存二尺,厚四丈。内城周五里。有洗马池、九曲池。故宫基址甃一十四级。城上有高木可数十围。故老云即徐偃王城也。城东偏有偃王庙。"宋罗濬《宝庆四明志》卷二〇《昌国县志全·神庙》："徐偃王庙在东。地名翁浦,俗呼为城隍头。《十道四蕃志》云:徐偃王城翁洲以居,其址今存。按史载偃

---

① 《史记》卷一一二《平津侯主父列传》,第2954页。
② 《史记》卷一一八《淮南衡山列传》,第3085页。又《汉书》卷九四下《匈奴传下》："转输之行,起于负海。"第3824页。
③ 《汉书》,第1447页。此说与前引谢灵运《会吟行》吕向注"负,背也,言后背海水……"同。
④ 《汉书》卷二八下《地理志下》,第1660页。
⑤ 《汉书》卷二七下之下《五行志下之下》,第1517页。
⑥ 《汉书》,第4121页。
⑦ 《后汉书》,第691页。
⑧ 《后汉书》,第3297页。

王之败,北走彭城武原东山下以死。疑非此海中。而韩文公为《衢州庙碑》乃记或者之言曰:偃王之逃,战不之彭城,之越城之隅。弃玉几研于会稽之水。则《十道四蕃志》或可信矣。"①徐偃王故事北则彭城,南则会稽,其实是体现了沿近海航运的实力的。越人居于东海之滨,较早掌握了航海技术,号称"以船为车,以楫为马,往若飘风,去则难从"。②吴王夫差曾"从海上攻齐,齐人败吴,吴王乃引兵归"。③这一海上远征的历史记录,是吴越人共同创造的。夫差与晋公会盟于黄池,"越王勾践乃命范蠡、舌庸率师沿海泝淮以绝吴路"。④所谓"沿海泝淮",利用了水军优势。越徙都琅邪,也是一次大规模的航海行动,其武装部队的主力为"死士八千人,戈船三百艘",据说"初徙琅琊,使楼船卒二千八百人伐松柏以为桴"。⑤越国霸业的基础,通过近海航运能力方面的优势得以实现。个人长距离近海航行的史例,则有范蠡在协助勾践复国灭吴后"浮海出齐"的事迹。⑥

王充"博通众流百家之言",不会不了解有关越人海洋探索与海洋开发的历史记录。王充作为浙江上虞人,长期居"乡里""教授""论说",无疑会受到家乡亲近海洋的生产与生活方式的影响,极有可能亲身参与过海上航行。王充"异人",《论衡》"异书",认识理解其人其书,不应忽略其滨海生存环境与文化传统的作用。

2.海洋史记忆:秦始皇"望于南海"与汉景帝"削之会稽"

会稽作为越国与吴国多年经营的滨海重心城市,与齐地南北对应,成为海洋探索的另一个重要的出发点。

第一个大一统政权秦王朝建立之后,最高执政集团对新认识的海疆予以特殊

---

① 文渊阁《四库全书》本。又元袁桷撰《延祐四明志》卷一五《祠祀考·昌国州》:"徐偃王庙在州东。地名翁浦,俗呼为城隍头。《十道四蕃志》云:徐偃王城翁洲以居,其址今存。按史记载偃王之败,北走彭城武原东山下以死。疑非此海中。而韩文公为《衢州庙碑》,乃记曰:偃王之逃战不之彭城,则之越城之隅。弃玉几研于会稽之水。则《四蕃志》或可信矣。"文渊阁《四库全书》本。
② 《越绝书》卷八《外传记地传》。
③ 《史记》卷三一《吴太伯世家》。
④ 《国语》卷一九《吴语》。
⑤ 《越绝书》卷八《外传记地传》。
⑥ 王子今.齐鲁文化研究第8辑:范蠡"浮海出齐"事迹考.济南:泰山出版社,2009.

的重视。①秦始皇出巡海上,在齐地沿海多有非常表现,又曾亲至会稽,"望于南海"。《史记》卷六《秦始皇本纪》记载:"三十七年十月癸丑,始皇出游。左丞相斯从,右丞相去疾守。少子胡亥爱慕请从,上许之。十一月,行至云梦,望祀虞舜于九疑山。浮江下,观籍柯,渡海渚。过丹阳,至钱唐。临浙江,水波恶,乃西百二十里从狭中渡。上会稽,祭大禹,望于南海,而立石刻颂秦德。"司马贞《索隐》:"望于南海而刻石。三句为韵,凡二十四韵。"张守节《正义》:"此二颂三句为韵。其碑见在会稽山上。其文及书皆李斯,其字四寸,画如小指,圆镌。今文字整顿,是小篆字。"②会稽之行是秦始皇最后一次出巡。会稽刻石内容与文字,也是秦始皇出巡刻石中特别值得重视者。而"望于南海"字样,有特别醒目的意义。

王充颇看重秦始皇巡行海上又至于会稽的历史记录。他在自己的著述中多次回顾这一史事。《论衡·书虚》写道:"当二十七年,游天下,到会稽,至琅邪,北至劳成山,并海西,至平原津而病。到沙丘平台,始皇崩。"《论衡·实知》也记载:"始皇三十七年十月癸丑,出游至云梦,望祀虞舜于九嶷。浮江下,观籍柯,度梅渚,过丹阳,至钱唐,临浙江,涛恶,乃西百二十里从陕中度。上会稽,祭大禹,立石刊颂,望于南海。还过吴,从江乘渡,并海上,北至琅琊。自琅琊北至劳成山,因至之罘。遂并海西,至平原津而病,崩于沙丘平台。"

西汉帝国成立,最高执政者对于起初放弃沿海郡国控制权的情形有所反省。"削藩"即夺回诸侯王国对诸多地方统治权力的政治动作,以沿海地区为重心。如《盐铁论·晁错》所谓"因吴之过而削之会稽,因楚之罪而夺之东海",引发了吴楚七国之乱。③《论衡·实知》写道:"高皇帝封吴王,送之,拊其背曰:'汉后五十年,东南有反者,岂汝邪?'到景帝时,濞与七国通谋反汉。建此言者,或时观气见象,处其有反,不知主名。高祖见濞之,则谓之。"王充作为会稽人,对于汉景帝"因吴之过而削之会稽"以及随后发生的政治史变乱显然是熟知的。

王充熟悉会稽在汉代海洋史上的地位,另一史事也一定会在他的知识构成中

---

① 王子今.略论秦始皇的海洋意识.光明日报,2012(11).
王子今.论秦始皇南海置郡.陕西师范大学学报(哲学社会科学版),2017(1).
② 《史记》,第260页第261页。
③ 王子今.秦汉帝国执政集团的海洋意识与沿海区域控制.白沙历史地理学报,2017(3).
王子今.国学视野下的历史秩序[M].北京:中国社会科学出版社,2016(11).

形成深刻的印象。这就是汉武帝时代命朱买臣于会稽"治楼船"。《汉书》卷六四上《朱买臣传》:"上拜买臣会稽太守。上谓买臣曰:'富贵不归故乡,如衣绣夜行。今子何如?'买臣顿首辞谢。诏买臣到郡治楼船,备粮食水战具,须诏书到,军与俱进。"①关于"治楼船",《史记》卷三〇《平准书》记载:"大修昆明池,列观环之。治楼船,高十余丈,旗帜加其上,甚壮。"②这是有关在昆明池操练用楼船的记载。而实战用楼船的制作,仅《朱买臣传》一例。会稽因此成就了中国古代造船史上的辉煌。

3.海"巨大之名"

关于"海"的地理知识,王充似乎有以切身体会为基点的了解。相关信息,在汉代文献中,应以《论衡》最为集中。

《论衡》有诸多论说言及"海"的辽阔宏大。《论衡·别通》:"大川相间,小川相属,东流归海,故海大也。海不通于百川,安得巨大之名? 夫人含百家之言,犹海怀百川之流也。不谓之大者,是谓海小于百川也。夫海大于百川也,人皆知之。通者明于不通,莫之能别也。润下作咸水之滋味也。东海水咸,流广大也。西州盐井,源泉深也,人或无井而食,或穿井不得泉,有盐井之利乎? 不与贤圣通业,望有高世之名,难哉!"以"海"和"百川"的关系,联系水文与人文,陈说哲理,或比喻学识才俊的聚会,是常用的比喻方式。③而《论衡》所谓"海不通于百川,安得巨大之名",可能是比较早的使用这种文辞形式的例证。

《论衡·别通》又写道:"东海之中,可食之物杂糅非一,以其大也。海水精气渥盛,故其生物也众多奇异。故夫大人之胸怀,非一才高知大,故其于道术无所不包。学士同门,高业之生,众共宗之。何则? 知经指深晓师言多也。夫古今之事,百家之言,其为深多也。岂徒师门高业之生哉? 甘酒醴,不酤饴蜜,未为能知味也。耕夫多殖嘉谷,谓之上农夫。其少者,谓之下农夫。学士之才,农夫之力,一也。能多种谷,谓之上农。能博学问,谓之上儒。是称牛之服重不誉马速也,誉手

---

① 《汉书》,第2792页。
② 《史记》,第1436页。
③ 李白《金门答苏秀才》:"巨海纳百川,麟阁多才贤。"《李太白文集》卷一五。〔宋〕晁迥《无我》:"室排千烛,宁分千烛之光;海纳百川,岂辨百川之味。"《道院集要》卷一。宋释普济撰《五灯会元》卷六《洛浦安禅师法嗣》:"真常尘不染,海纳百川流。"

毁足孰谓之慧矣?"也说"大人之胸怀"与"高业""学士""能博学问"者,可以"东海"之"大","海水精气渥盛"相比拟。

文士之"遇"与"不遇",是知识人经常思考的人生主题。《论衡·效力》言"文儒之知",即得到识拔的机会,可以"升陟圣主之庭,论说政事之务"时,也以"江""河""流通入乎东海"彼此比照:"河发昆仑,江起岷山,水力盛多,滂沛之流,浸下益盛,不得广岸低地,不能通流入乎东海。如岸狭地仰,沟洫决泆,散在丘墟矣。文儒之知有似于此。文章滂沛,不遭有力之将援引荐举亦将弃遗于衡门之下。固安得升陟圣主之庭,论说政事之务乎?"

《论衡·须颂》赞美"汉德"之"盛",也借用"海"之"广大"为喻:"夜举灯烛,光曜所及,可得度也。日照天下,远近广狭,难得量也。浮于淮、济,皆知曲折入东海者,不晓南北。故夫广大从横难数,极深揭厉难测。汉德酆广,日光海外也。知者知之,不知者不知汉盛也。"

以"海"喻事,以"海"辩理,是《论衡》的论说习惯,也体现了王充的思维倾向。

4.海潮"随月盛衰"说

前引《史记》卷六《秦始皇本纪》关于秦始皇南巡会稽,"临浙江,水波恶,乃西百二十里从狭中渡"事,《论衡·实知》作"临浙江,涛恶,乃西百二十里从陕中度"。"水波恶"即"涛恶",应当是说海潮。

《论衡·书虚》辩说伍子胥冤死兴海潮故事:"传书言吴王夫差杀伍子胥,煮之于镬,乃以鸱夷橐投之于江。子胥恚恨,驱水为涛,以溺杀人。今时会稽、丹徒大江、钱唐、浙江皆立子胥之庙,盖欲慰其恨心,止其猛涛也。夫言吴王杀子胥投之于江,实也。言其恨恚驱水为涛者,虚也。"关于"吴王杀子胥投之于江"之所在,王充写道:"投于江中,何江也?有丹徒大江,有钱唐浙江,有吴通陵江。或言投于丹徒大江,无涛。欲言投于钱唐浙江,浙江山阴江、上虞江皆有涛。三江有涛,岂分橐中之体,散置三江中乎?"又说:"吴、越在时,分会稽郡。越治山阴,吴都今吴。余暨以南属越,钱唐以北属吴。钱唐之江,两国界也。山阴上虞,在越界,子胥入吴之江为涛,当自上吴界中,何为入越之地?怨恚吴王,发怒越江,违失道理,无神之验也。"这样的讨论,体现出对"上虞"地方历史文化的熟悉。辨正"子胥为涛"事,王充有多层次多角度的论说。他写道:"夫地之有百川也,犹人之有血脉也。血脉流行,泛扬动静,自有节度。百川亦然。其朝夕往来,犹人之呼吸气出入也。天地之性,上古有之。经曰:'江汉朝宗于海。'唐、虞之前也,其发海中之时,漾驰而已。入三江之中,殆小浅狭,水激沸起,故腾为涛。"有人理解为:"靠海的河流有波涛,是因为受潮汐的影响,……。"①清人俞思谦指出:"王充《论衡》:海之潮水之溢而泛行者,喻人血脉循环周作上下于肢体间。盖随荣卫之气耳。潮之衍漾进退,亦随海之气耳。"②清人王仁俊研究《论衡》,也写道:"夫水也者,地之血脉,随气进退而为潮。案《海潮论》曰:地浮与大海随气出入上下,地下则沧海之水入于江,谓之潮。地上则江湖之水之沧海,谓之汐。与王充合西人论潮汐为吸力与随气之说略同。"③王充关于"涛""潮"之起因与"月"有关的论点,值得海洋学研究者特别重视:"涛之起也,随月盛衰,小大满损不齐同。如子胥为涛,子胥之怒,以月为节也。"

王充《论衡》所谓"发海中""入三江之中"的"涛"其实"随月盛衰"的说法,是关于海潮发生理论最早的非常明晰的观点。有学者指出,王充对"潮汐"的解释"非常科学、精彩"。他"根据潮汐与月亮相应的事实驳斥伍子胥冤魂为涛的传闻","是首先承认客观实际,并用客观实际来判定理论的真假是非。"④分析王充之所以能够发现这种"客观实际"也许是必要的。他对于潮汐的观察和理解,应当与滨海生活的实际条件相关。有学者认为,王充"是远远超越时代的具备了完整科学精神与气质的最早一个思想家"。论者甚至说:"在王充身上,人们看到一种近代科学精神的超前觉醒。"⑤考察王充所谓"科学精神与气质",如果以潮汐为例,其"超前觉醒"的基础,是接近海洋的生活条件。

5.磁学原始与"司南"发明

《韩非子·有度》说:"先王立司南,以端朝夕。"看来"司南"一语出现很早。《论衡·是应》写道:"司南之杓,投之于地,其柢指南。"有人解释"司南之杓":"司南之杓:古代一种辨别方向的仪器,原理和指南针相同,用磁铁制的小勺放在方盘上,勺

---

① 北京大学历史系《论衡》注释小组.论衡注释[M].北京:中华书局,1979(10):231.
② 〔清〕俞思谦:《海潮辑说》卷上《潮说存疑》,清艺海珠尘本。
③ 〔清〕王仁俊:《格致古微》卷四《论衡》,清光绪王氏家刻本。
④ 周桂钿.王充评传[M].南京:南京大学出版社,1993:542-543.
⑤ 朱亚宗.王充:近代科学精神的超前觉醒.求索,1990(1).

柄指南。"①《太平御览》卷七六二引《论衡》："司南之勺,投之于地,其柄指南。"《太平御览》卷九四四引《论衡》："司南之杓,投于地,其柄南指。"有学者指出,"'投之于地'乃'投之于池'之误。这里的'池',指'流珠池'或'颓池',即水银或汞池。"②此说可信。当时"司南"可能还没有应用于海洋航行实践,即在"浮于海者,迷于东西"的情况下定向、定位,但是这种需求必然会促进用以"辨别方向"的技术生成,在航海事业发展较为先进的地方尤其如此。王充对"司南"的关注,或许可以从海洋文化考察的视角认识其意识背景。

所谓"司南之杓,投之于地,其柢指南",体现了对地磁感应的早期认识。《论衡·乱龙》还说到"磁石引针"现象："顿牟掇芥,磁石引针,皆以其真是,不假他类。他类肖似,不能掇取者,何也?气性异殊,不能相感动也。刘子骏掌雩祭,典士龙事,桓君山亦难以顿。牟、磁石不能真实,何能掇针取芥?子骏穷无以应。子骏汉朝智囊,笔墨渊海,穷无以应者,是事非议误,不得道理实也。曰:夫以非真难是也,不以象类说非也。"王充所谓"磁石引针",可能是关于磁学的最早的比较严肃的文献记录。

有航海史研究者指出,指南针作为"理想的指向仪器"在海上航行中的应用,是非常重要的发明。"我国是什么时候发明人工磁化方法和制造出指南针的,现在还无法确切地知道。"现在看来,"最迟在北宋初期就已经发明了人工磁化的方法,并且成功地制造出了指南针。""在北宋末期,我国已经把指南针作为导航仪器,应用在航海事业中。""指南针的发明和应用","是我国古代对人类文明进化的极其伟大的贡献。"③马克思曾经赞扬"指南针""是预告资产阶级社会到来的三大发明"之一,"指南针打开了世界市场"。④作为指南针发明之技术基础的"司南之杓",以及作为指南针发明之理念基础的"磁石引针"等现象的记录见于《论衡》,是对王充文化意识与学术思想进行总结时绝不可以忽略的。

---

① 北京大学历史系《论衡》注释小组.论衡注释[M].北京:中华书局.1979:1003.
② 闻人军.考工司南:中国古代科学名物论集[M].上海:上海古籍出版社,2017:218.
③ 第147页,第149页,第151页。
④《马克思恩格斯全集》,第47卷第427页。

6.关于"鲸鱼死"

在《论衡·乱龙》篇讨论"顿牟掇芥,磁石引针,皆以其真是,不假他类"之后,王充在论证"天道自然"这一科学主题时,又说到一种海洋生物的生命现象"鲸鱼死":"夫以非真难,是也;不以象类说,非也。夫东风至,酒湛溢;鲸鱼死,彗星出,天道自然,非人事也。事与彼云龙相从,同一实也。"

中国大陆古代居民对于"鲸鱼"的认识,可以追溯到殷商时代。有学者指出:"关于鲸类,不晚于殷商,人们对它已有认识。安阳殷墟出土的鲸鱼骨即可为证。"[1]据德日进、杨钟健《安阳殷墟之哺乳动物群》记载,殷墟哺乳动物骨骼发现有:"鲸鱼类 若干大脊椎骨及四肢骨。但均保存破碎,不能详为鉴定。但鲸类遗存之见于殷墟中,乃确切证明安阳动物群之复杂性。有一部,系人工搬运而来也。"[2]《史记》卷六《秦始皇本纪》记载:"始皇梦与海神战,如人状。问占梦,博士曰:'水神不可见,以大鱼蛟龙为候。今上祷祠备谨,而有此恶神,当除去,而善神可致。'乃令入海者赍捕巨鱼具,而自以连弩候大鱼出射之。自琅邪北至荣成山,弗见。至之罘,见巨鱼,射杀一鱼。遂并海西。"[3]这里所谓"大鱼""巨鱼",有人认为就是"鲸鱼"。[4]有关"大鱼如山""死岸上","膏流九顷",骨骼可以利用的记载,说明沿海人们对"鲸鱼死"的现象是熟悉的。秦汉宫苑仿拟海洋的池沼中,有鲸鱼模型。[5]

关于鲸鱼集中死于海滩这种海洋生物生命现象的明确记载,最早见于中国古代文献《汉书》卷二七中之上《五行志中之上》:"成帝永始元年春,北海出大鱼,长六丈,高一丈,四枚。哀帝建平三年,东莱平度出大鱼,长八丈,高丈一尺,七枚。皆

---

[1] 海洋出版社1989年12月版,第348页。
[2] 《中国古生物志》丙种第十二号第一册,实业部地质研究所、国立北平研究院地质学研究所中华民国二十五年六月印行,第2页。此信息之获得承袁靖教授赐示,谨此致谢
[3] 《史记》。
[4] 如唐李白《古风五十九首》之三:"秦皇扫六合,虎视何雄哉。挥剑决浮云,诸侯尽西来。……连弩射海鱼,长鲸正崔嵬。额鼻象五岳,扬波喷云雷。鬐鬣蔽青天,何由睹蓬莱。徐市载秦女,楼船几时回。但见三泉下,金棺葬寒灰。"《李太白文集》卷一。元吴莱《昭华管歌》诗:"临洮举杆送役夫,碣石挟弩射鲸鱼。"《渊颖集》卷四。
[5] 王子今.秦汉宫苑的"海池".大众考古,2014(2).

死。京房《易传》曰：'海数见巨鱼，邪人进，贤人疏。'"①现在看来，关于西汉晚期"北海出大鱼""东莱平度出大鱼"的记载，是世界最早的关于今人所谓"鲸鱼集体搁浅""鲸鱼集体自杀"情形的比较明确的历史记录。记载东汉史事的文献也可以看到涉及"出大鱼"的内容。《续汉书·五行志三》"鱼孽"题下写道："灵帝熹平二年，东莱海出大鱼二枚，长八九丈，高二丈余。明年，中山王畅、任城王博并薨。"刘昭《注补》："京房《易传》曰：'海出巨鱼，邪人进，贤人疏。'臣昭谓此占符灵帝之世，巨鱼之出，于是为征，宁独二王之妖也！"②《淮南子·天文》关于天文和人文的对应，有"人主之情，上通于天，故诛暴则多飘风，枉法令则多虫螟，杀不辜则国赤地，令不收则多淫雨"语，同时也说到其他自然现象的对应关系，包括"鲸鱼死而彗星出"。《淮南子·览冥》也写道："东风至而酒湛溢，蚕呴丝而商弦绝，或感之也；画随灰而月运阙，鲸鱼死而彗星出，或动之也。"对于所谓"鲸鱼死"，高诱的解释就是"鲸鱼，大鱼，盖长数里，死于海边"。《淮南子》"鲸鱼死而彗星出"的说法为纬书所继承，其神秘主义色彩得以进一步渲染。《太平御览》卷七及卷九三八引《春秋考异邮》都说到"鲸鱼死而彗星出"，卷八七五引《春秋考异邮》作"鲸鱼死彗星合"，原注："鲸鱼，阴物，生于水。今出而死，是为有兵相杀之兆也。故天应之以妖彗。"

《论衡·乱龙》所谓"夫东风至酒湛溢，鲸鱼死彗星出，天道自然，非人事也"的判断，否定了以为"鲸鱼死，彗星出"是政治灾异的认识，体现了"天道自然"并不与"人事"必然对应的清醒认识。这种对"自然"现象、"自然"规律的完全"自然"的感觉，应是建立在熟悉海洋环境的"自然"经验的心理基础之上的。③

7."海内"·"四海之内"

《论衡·书虚》写道："舜之与尧俱帝者也，共五千里之境，同四海之内。"《论衡·艺增》："《论语》曰：'大哉尧之为君也，荡荡乎民，无能名焉。'"王充写道："言荡荡可

---

①《汉书》，第1431页。
王子今.鲸鱼死岸:《汉书》的"北海出大鱼"记录.光明日报,2009.
②《后汉书》，第3317页。
③《白孔六帖》卷九八引《庄子》曰："吞舟之鱼失水，则蝼蚁而能制之。"可见相关现象是滨海"自然"观察的经验。《文选》卷二张衡《西京赋》描述宫苑中仿照海域营造的"太液沧池"所谓"鲸鱼失流而蹉跎"，也并不以这一现象与政治局势相联系，理解为"妖"。张衡著述在王充之后，或许收到王充的影响。

也,乃欲言民无能名,增之也。四海之大,万民之众,无能名尧之德者,殆不实也。"也说"四海"。而《论衡·艺增》又说:"《尚书》'协和万国',是美尧德致太平之化,化诸夏并及夷狄也。言协和方外可也,言'万国',增之也。夫唐之与周,俱治五千里内。周时诸侯千七百九十三国,荒服、戎服、要服及四海之外不粒食之民,若穿胸、儋耳、焦侥、跂踵之辈。并合其数不能三千、天之所覆,地之所载,尽于三千之中矣。而《尚书》云'万国',褒增过实以美尧也。"王充澄清儒家经典颂扬先古圣王"褒增过实"之辞,指出"四海"与"万国"对应的语言习惯。

《论衡·谈天》同样指出"儒书""久远之文"的不合理:"儒书言:'共工与颛顼争为天子不胜,怒而触不周之山,使天柱折,地维绝。女娲销炼五色石以补苍天,断鳌足以立四极。天不足西北,故日月移焉;地不足东南,故百川注焉。'此久远之文,世间是之言也。文雅之人,怪而无以非,若非而无以夺,又恐其实然,不敢正议。以天道人事论之,殆虚言也。与人争为天子不胜,怒触不周之山,使天柱折,地维绝,有力如此,天下无敌。以此之力,与三军战,则士卒蝼蚁也,兵革毫芒也,安得不胜之恨,怒触不周之山乎?且坚重莫如山,以万人之力,共推小山,不能动也。如不周之山,大山也。使是天柱乎?折之固难。使非柱乎?触不周山而使天柱折,是亦复难。信,颛顼与之争,举天下之兵,悉海内之众,不能当也,何不胜之有!"王充在与"儒书"的论辩中用"举天下之兵,悉海内之众"语,"天下"与"海内"对应。这正是汉代政论的语言定式。

"海内",当时已经成为与"天下"对应的语汇。《史记》卷一一八《淮南衡山列传》所谓"临制天下,一齐海内"就是典型的例证。①当时以大一统理念为基点的政治理想的表达,已经普遍取用涉及海洋的地理概念。政治地理语汇"四海"与"天下","海内"与"天下"的同时通行,在某种意义上反映了中原居民的世界观和文化观中,海洋已经有相当重要的地位。《新书·时变》有"威震海内,德从天下"的说法。《淮南子·要略》:"天下未定,海内未辑……"《盐铁论·轻重》可见"天下之富,海内之财",同书《能言》也以"言满天下,德覆四海"并说。又《世务》也写道:"诚信著乎天下,醇德流乎四海。"在这种语言形式背后,是社会对海洋的共同关心。"海内"和"天下"形成严整对应关系的文例,《汉书》中即可以看到:"贞天下于一,同海内之归。"(卷二

---

① 《史记》,第3090页。

一上《律历志上》)[1]"临制天下,壹齐海内。"(卷四五《伍被传》)[2]"天下少双,海内寡二。"(卷六四上《吾丘寿王传》)[3]"威震海内,德从天下。"(卷四八《贾谊传》)[4]"海内为一,天下同任。"(卷五二《韩安国传》)[5]"海内晏然,天下大洽。"(卷六五《东方朔传》)[6]这一语言现象,体现了当时中原居民海洋意识的初步觉醒。

《论衡·解除》说:"行尧、舜之德,天下太平,百灾消灭,虽不逐疫,鬼不往。行桀、纣之行,海内扰乱,百祸并起,虽日逐疫,疫鬼犹来。"是以"天下太平"与"海内扰乱"形成对照。《论衡·宣汉》:"今上即命,奉成持满,四海混一,天下定宁。"则以"四海"与"天下"对应。而《论衡·定贤》:"上赐寿王书曰:子在朕前时,辐凑并至,以为天下少双,海内寡二。"其中"天下少双,海内寡二"语,与前引《汉书》卷六四上《吾丘寿王传》完全相同。

8. "海内""海外","裨海""瀛海"

除"海内""四海之内"而外,《论衡》也说到"海外""四海之外"。如前引《论衡·艺增》所谓"四海之外不粒食之民,若穿胸、儋耳、焦侥、跂踵之辈"。又《论衡·谈天》:"邹衍之书,言天下有九州,《禹贡》之上所谓九州也。《禹贡》九州,所谓一州也。若《禹贡》以上者,九焉。《禹贡》九州,方今天下九州也,在东南隅,名曰赤县神州。复更有八州,每一州者四海环之,名曰裨海。九州之外,更有瀛海。此言诡异,闻者惊骇,然亦不能实然否,相随观读讽述以谈。故虚实之事,并传世间,真伪不别也。世人惑焉,是以难论。"

邹衍学说,所谓"每一州者四海环之,名曰裨海。九州之外,更有瀛海",其实是大略符合现今地理知识的。王充说到邹衍之说的可疑:"案邹子之知不过禹。禹之治洪水,以益为佐。禹主治水,益之记物。极天之广,穷地之长,辨四海之外,竟四山之表,三十五国之地,鸟兽草木,金石水土,莫不毕载,不言复有九州。淮南王刘

---

[1] 《汉书》,第3972页。
[2] 与《史记》卷一一八《淮南衡山列传》"临制天下,一齐海内"同。《汉书》,第2172页。
[3] 《汉书》,第2795页。
[4] 《汉书》,第2244页。
[5] 《汉书》,第2399页。
[6] 《汉书》,第2872页。

安召术士伍被、左吴之辈,充满宫殿,作道术之书,论天下之事。《地形》之篇,道异类之物,外国之怪,列三十五国之异,不言更有九州。邹子行地不若禹、益,闻见不过被、吴,才非圣人,事非天授,安得此言?案禹之《山经》,淮南之《地形》,以察邹子之书,虚妄之言也。太史公曰:'《禹本纪》言河出昆仑,其高三千五百余里,日月所于辟隐为光明也,其上有玉泉、华池。今自张骞使大夏之后,穷河源,恶睹《本纪》所谓昆仑者乎?故言九州山川,《尚书》近之矣。至《禹本纪》《山海经》所有怪物,余不敢言也。'夫弗敢言者,谓之虚也。昆仑之高,玉泉、华池,世所共闻,张骞亲行无其实。案《禹贡》九州山川,怪奇之物,金玉之珍,莫不悉载,不言昆仑山上有玉泉、华池。案太史公之言,《山经》《禹纪》,虚妄之言。凡事难知,是非难测。"然而,王充又有讨论:"极为天中,方今天下在天极之南,则天极北必高多民。《禹贡》'东渐于海,西被于流沙',此则天地之极际也。日刺径十里,今从东海之上会稽鄞、鄮,则察日之初出径二尺,尚远之验也。远则东方之地尚多。东方之地尚多,则天极之北,天地广长,不复訾矣。夫如是,邹衍之言未可非。《禹纪》《山海》《淮南·地形》未可信也。邹衍曰:'方今天下在地东南,名赤县神州。'天极为天中,如方今天下在地东南,视极当在西北。今正在北,方今天下在极南也。以极言之,不在东南。邹衍之言非也。如在东南,近日所出,日如出时,其光宜大。今从东海上察日,及从流沙之地视日,小大同也。相去万里,小大不变,方今天下得地之广,少矣。雒阳,九州之中也。从雒阳北顾,极正在北。东海之上,去雒阳三千里,视极亦在北。推此以度,从流沙之地视极,亦必复在北焉。东海、流沙,九州东、西之际也,相去万里,视极犹在北者,地小居狭,未能辟离极也。日南之郡,去雒且万里。徙民还者,问之,言日中之时,所居之地未能在日南也。度之复南方里,地在日之南。是则去雒阳二万里,乃为日南也。今从雒地察日之去远近,非与极同也,极为远也。今欲北行三万里,未能至极下也。假令之至,是则名为距极下也。以至日南五万里,极北亦五万里也。极北亦五万里,极东、西亦皆五万里焉。东、西十万,南、北十万,相承百万里。邹衍之言:'天地之间,有若天下者九。'案周时九州,东西五千里,南北亦五千里。五五二十五,一州者二万五千里。天下若此九之,乘二万五千里,二十二万五千里。如邹衍之书,若谓之多,计度验实,反为少焉。"王充以更广阔的视角观察,竟然得到幅员超过"邹衍之书"的对更广阔的"天下"的认识。

其考察有"从东海之上会稽鄮、鄞""察日","从东海上察日",应当是王充亲身所为。又有对于"日南""徙民还者,问之"的调查,更超越了对于"东海之上"的思考,而至于"复南万里,地在日之南"的南海。王充对于"天下"的理解,在当时的情况下自有局限,然而这种考察方式是值得赞许的。

《论衡·对作》写道:"俗传既过,俗书又伪。若夫邹衍谓今天下为一州,四海之外有若天下者九州。""世间书传,多若等类,浮妄虚伪,没夺正是。心溃涌,笔手扰,安能不论?论则考之以心,效之以事,浮虚之事,辄立证验。"可见对邹衍学说的辨析,是有强烈的批判意识的。所谓"心溃涌,笔手扰,安能不论",动机在于求"正是",斥"浮虚"。其实,邹衍的"浮虚"也是相对的。而王充以"海"为考察基本参照的研究方式,不仅地理学者应当重视,也值得海洋史与海洋文化研究者注意。

王充自然主义的生态哲学思想[①]

乔清举 （中央党校督学、教授、博导）
赵庆灿 （安阳师范学院政治与公共管理学院副教授）

王充（公元27年—约公元97年），字仲任，会稽上虞人，东汉著名的思想家。其先祖以农桑为业，其祖父则是小商贩，所以王充的家世和社会地位在当时都是受鄙视的。在《自纪》中，他称自己为"细族孤门"。王充以"疾虚妄"的精神考论虚实，直指以天人感应为核心的谶纬之说。他一生著述甚多，但流传至今只有《论衡》一书。

一、元气说的生态意义

以董仲舒为代表的"天人感应"说成为汉代解释宇宙论和天人关系的主流思想。从思维方式上看，"天人感应"是天人合一的表现形式之一。虽然王充秉持"疾虚妄"的精神，直指天人感应说之谬，但其依然是在天人合一的思维方式下展开哲学体系的建构。元气说是其自然主义哲学体系的基础。

气是中国传统哲学的核心范畴之一，是构成万物的最基本的元素或质料。在汉代，董仲舒将元与气联系起来，形成元气的概念。王充明确将元气作为宇宙的本原。从生成的序列来看，天地始分于元气，成为含气的自然物，"天地，含气之自然也"。[②]我们可以从王充对"说易者"和"儒书"中天地形成过程的评价中看出，他是认可天地生于元气的观点的。他说：

说《易》者曰："元气未分，浑沌为一。"儒书又言："溟涬濛澒，气未分之

[①] 本文为国家社科基金重点项目《儒家生态哲学史》的一节。
[②] [汉]王充著,黄晖撰.论衡校释[M].北京：中华书局,1990:472.

类也。及其分离,清者为天,浊者为地。"如说易之家,儒书之言,天地始分,形体尚小,相去近也。……含气之类,无有不长。天地,含气之自然也,从始立以来,年岁甚多,则天地相去,广狭远近,不可复计。儒书之言,殆有所见。然其言触不周山而折天柱,绝地维,销炼五石补苍天,断鳌之足以立四极,犹为虚也。

王充认为,虽然儒书之言中"触不周山而折天柱,绝地维,销炼五石补苍天,断鳌之足以立四极"的思想是虚妄的,但其中元气之"清者为天,浊者为地"的看法是合理的。这表明王充基本接受了儒书之言对天地形成过程的解释,认为天地是元气自然演化的结果。

天地形成之后,元气含藏于其中,成为天地最精微的部分,"元气,天地之精微者"[1]。在天地变动的过程中,含藏于其中的元气便施放出来,流行于天地之间,上下交错运动,相互交感,万物乃生。"天地动行也,施气也,体动气乃出,物乃生矣","夫天覆于上,地偃于下,下气蒸上,上气降下,万物自生其中间矣。"[2]这里的万物是包括人在内的天地万物。"人,物也。万物之中有智慧者也。其受命于天,禀气于元,与物无异。"[3]这里需要指出的是,虽然元气须经由天地的变动方能流行于天地之间,但这不意味着天地赋予了元气以活动性,相反,正是因为天地是"含气之自然",而"含气之类,无有不长",才能够变动。可以说,天地动行以施气实质是元气通过自身的活动性从天地之中流行出来。

王充指出,万物在禀受元气而生的过程中,形成了各自的本性和命运,"用气为性,性成命定"[4]。性和命在人禀气初生之时就已经确定了,是不可改变的。"人生性命当富贵者,初禀自然之气,养育长大,富贵之命效矣。"[5]如果我们抛开命定论的消极意义,可以看到其中的合理内核。这意味着人和万物之性都来源于元气,是由元气赋予的,二者具有同一性。

可见,天地万物皆是禀受元气而生,亦是由一气构成。气的活动性是自然存在

---

[1]《论衡校释》第3册,第975页。
[2]《论衡校释》第3册,第782页。
[3]《论衡校释》第4册,第1011页。
[4]《论衡校释》第1册,第59页。
[5]《论衡校释》第1册,第124页。

和生命产生的基础。这就确立了天地万物同一性的宇宙论基础。王充指出,除天地和元气之外,万物有生必有死。"有血脉之类,无有不生,生无不死。以其生,故知其死也。天地不生,故不死;阴阳不生,故不死;死者,生之效;生者,死之验也。"[①]生和死构成了万物完整的生命周期。在王充看来,气的凝聚是一事物的开始,气的消散是一事物的终结;气聚则生,气散则死。他用水和冰的比喻形象地说明:"人之生,其犹冰也,水凝为冰,气积而为人;冰极一冬而释,人竟百岁而死"[②]。由于人即是物,所以水冰之喻适用于天地万物。可见,万物由生到死的生命历程实质是生于元气而又复归于元气的循环过程。"人未生,在元气之中,既死,则复归于元气"[③]。自然万物的生死历程构成了自然演变的过程,这意味着自然界是一个循环系统。尽管每一事物皆有生死,但元气是不生不死的,所以整个自然界又是一个无限生生的过程。

概言之,王充通过元气确立了自然万物的同一性,并将人与天地联系起来,构成一个生生不息的统一自然界。

二、人、物关系论及对于目的论感应说的批判的生态意义

(一)人、物关系论的生态意义 "万物之生,俱禀元气"说明了人与其他自然物的同一性,不过这种同一性是包含着差异性的。王充认为:"天地之性人为贵,贵其识知也。"[④]他肯定了人的价值和尊严,认为理性思维和知识是人较之于万物的卓迈之处。这是不同于传统儒家以道德区分人与动物的偏重于知识的解释。

万物皆禀元气,为何人独有智慧? 王充认为,虽然人和物都禀受一气,但元气有渥薄不同,所以万物具体禀受的元气亦有渥薄之分。人禀受的是精气,是较为渥厚的元气,"人之所以生者,精气也",动植物则禀受的是较为薄少的元气。由于人禀受的元气中含有五常(仁义礼智信)之性,所以人具有智慧:"人之所聪明智慧者,

---

[①]《论衡校释》第2册,第338页。
[②]《论衡校释》第2册,第338页。
[③]《论衡校释》第3册,第875页。
[④]《论衡校释》第2册,第600页。

以含五常之气也"①。王充指出,后天的学习是使人别于物的条件。如果人不进行学习,即使人生而具有五常之性,也与其他动物无异。他说:

> 人生禀五常之性,好道乐学,故别于物。今则不然,饱食快饮,虑深求卧,腹为饭坑,肠为酒囊,是则物也。倮虫三百,人为之长。天地之性人为贵,贵其识知也。今蔽闇脂塞,无所好欲,与三百倮虫何以异?而为之为长而贵之乎?②

所以王充指出,人应当博览群书,通晓古今之事,辨识事物之理,成为"通人","通人胸中怀百家之言,不通者空腹无一牒之诵。"③不通者还表现为"守信一学,不好广观,无温故知新之明,而有守愚不览之闇"④。为了凸显"通览"的重要性,王充以"薄社"类比人之"不通者","人不通览者,薄社之类也"。⑤

社是政权的象征。薄社是殷商之社,用以泛指亡国之社。正常情况下,社只有墙,没有屋,可以经受霜露风雨,以达天地之气。相反,"亡国之社,屋其上,柴其下,示绝于天地也。"⑥由于社是政权的象征,所以社与天地相隔意味着政权已经失去天命。人不通览就如同社与天地相隔,就会丧失人存在的价值和意义。所以王充强调,"夫经艺传书,人当览之,犹社当通气于天地也。"⑦在这里,王充以社当通气于天地类比人应博览群书以达通识,其结果一方面是引起人们对"通览"的重视,另一方面引起人们对气的正常的运行的重视,从而尊重自然的循环的生态效果。当然,王充也明确指出如果气的运行不通畅或万物与天地之气相隔,就会直接导致万物的死亡。"气不通者,疆壮之人死,荣华之物枯。"⑧

人作为"倮虫之长"应当如何处理人与物的关系呢?换言之,人在自然的职责或作用是什么?王充认为,人在自然中是辅助者的角色,即人可以参与到天地养育万物的过程中,帮助万物的生长,但不能越俎代庖,代天行事,试图按照自己的嗜好

---

① 《论衡校释》第3册,第875页。
② 《论衡校释》第2册,第600页。
③ 《论衡校释》第2册,第590页。
④ 《论衡校释》第2册,第592页。
⑤ 《论衡校释》第2册,第594页。
⑥ 《论衡校释》第2册,第594页。
⑦ 《论衡校释》第2册,第594页。
⑧ 《论衡校释》第2册,第594页。

或想法去改变自然万物正常的生生过程。

> 然虽自然,亦须有为辅助。耒耜耕耘,因春播种,人为之也。及谷入地,日夜长大,人不能为也。或为之,败之道也。宋人有悯其苗之不长者,就而揠之,明日枯死。夫欲为自然者,宋人也。①

可见,王充肯定了人的行为在万物生生过程中的积极作用,但他也强调人的行为必须顺随天地,尊重自然规律,不伤害事物固有的性质,让其按照自身的性质去发展,才能达到理想的结果。否则就会招致失败。由于王充深受道家思想的影响,所以他有时将这种行为称为无为,将不遵循自然之则的行为称为有为。他说:

> 至德纯渥之人,禀天气多,故能则天,自然无为。禀气薄少,不遵道德,不似天地,故曰不肖。不肖者,不似也。不似天地,不类圣贤,故有为也。天地为炉,造化为工,禀气不一,安能皆贤?②

王充指出,人拥有知识就可以拥有力量,"人有知学,则有力矣"③。不可否认,人们可以运用知识形成的力量,去改造自然以满足自身生存和发展的需求。但如果人们超越辅助者的身份,妄图征服自然或控制自然,成为自然的主人,就会如揠苗助长的宋人般可笑。

(二)对目的论感应说的批判的生态意义

1.对"人能动天"的批判的生态意义 所谓"人能动天"是指人的行为可以影响天,从而引起自然现象的变化。王充从人君的喜怒可以引起寒温之变和人的至诚精神可以通达上天从而引起自然之变两方面对当时流行的"人能动天"理论进行批判。我们逐一加以分析。

其一,人君之喜怒可以引起气候寒温的变化,"说寒温者曰:人君喜则温,怒则寒。何则?喜怒发于胸中,然后行出于外,外成赏罚。赏罚,喜怒之效,故寒温渥盛,凋物伤人。"④王充认为,寒与温是春夏秋冬四时节气本有的自然现象,而不是人为的结果,"寒温,天地节气,非人所为"。⑤即使有时候,赏罚与天气之寒温相合,也

---
① 《论衡校释》第3册,第780页。
② 《论衡校释》第3册,第781页。
③ 《论衡校释》第2册,第579页。
④ 《论衡校释》第2册,第626页。
⑤ 《论衡校释》第2册,第629页。

是一种巧合,与人君之治无关。"寒温之至,遭与赏罚同时,变复之家,因缘名之矣。"①王充指出,如果人君的喜怒可以引起气候寒温的变化,而天地之气与人"胸中之气"无异,那么人君的喜怒必然能够引起"胸中之气"的变化,即改变自己的体温。事实上,"胸中之气"并不因人之喜怒而随时发生变化,更不必说以喜怒改变天地之气,引起寒温的变化。

其二,人能以至诚精神感动上天,从而引起自然之变,"凡人能以精诚感动天,专心一意,委务积神,精通于天,天为变动"。②王充以气自然论批判了这一理论的荒谬。我们以他对武王一怒止风雨的传说的批判为例加以说明。他说,"风者,气也……如风天所为,祸气自然,是亦无知,不为瞑目麃之故止。"③风是天地之气自然化生的结果,天地之气自然无为,所以风不可能因武王之怒而停息。

王充通过对"人能动天"感应说的批判,强调了自然的客观独立性。从生态学的角度看,这一方面意味着自然界是拥有自性的客观存在,而不是一团毫无生命力的惰性材料。另一方面表明人虽然拥有改造自然的能力,但无法征服或控制自然,应当以谦逊的态度去对待自然。

王充在否定人能动天的同时,并没有否认人与自然的联系,相反他认为天地万物可以感应到自然的变化,并受到自然变化的影响。他说:

> 天气变于上,人物应于下矣。故天且雨,商羊起舞,(非)使天雨也。商羊者,知雨之物也,天且雨,屈其一足起舞矣。故天且雨,蝼蚁徙,蚯蚓出,琴弦缓,故疾发,此物为天所动之验也。故天且风,巢居之虫动,且雨,穴居之物扰;风雨之气感虫物也。④

可见,人物皆可以感应自然的变化,同时受到这种变化的影响。这表明人与自然并非外在关系,而是具有内在的联系。在这里,人与自然的联系是单向的,即自然影响人,人不能影响自然。

2. 对目的论批判的生态意义 王充提到,有观点认为天是有意识、有目的的上帝,天创造五谷丝麻是为了给人们提供衣食之用。在他看来,这一观点一方面贬低

---

① 《论衡校释》第2册,第628页。
② 《论衡校释》第1册,第231页。
③ 《论衡校释》第1册,第230页。
④ 《论衡校释》第2册,第650页。

了天的地位,让天成为农夫桑女之徒,另一方面也不符合天道自然的事实,是不可取的。"或说以为天生五谷以食人,生丝麻以衣人。此谓天为人作农夫桑女之徒也,不合自然,故其义疑,未可从也。"①

王充认为,人之所以食五谷,衣丝麻,是因为五谷和丝麻之类在禀气初生之时就具有愈饥救寒的性质,并非是天有目的创造五谷和丝麻为人们提供衣食之用。天是无意识、无目的的客观自然物。他说:

> 何以知天之自然也?以天无口目也。案有为者,口目之类也。口欲食而目欲视,有嗜欲于内,发之于外,口目求之,得以为利,欲之为也。今无口目之欲,于物无所求索,夫何为乎?何以知天无口目也?以地知之。地以土为体,土本无口目。天地,夫妇也,地体无口目,亦知天无口目也。使天体乎?宜与地同。使天气乎?气若云烟,云烟之属,安得口目?②

欲行有为,必先有口目。有口目则有欲求,有欲求则有目的,为了满足其目的方行有为之事。而天没有口目。何以知天无口目?王充说,如果天是有形体之物,那么作为与地相配的天就应当与地一样。地无口目,天当然也没有口目。如果天是气,而气如云烟般也没有口目,所以天也没有口目。既然天没有口目,就不会有欲求,也不会有目的地创造万物。

王充明确指出,"天道自然,自然无为也"③。何谓自然无为?王充说:

> 天地合气,万物自生,犹夫妇合气,子自生矣。……天地动行也,施气也,体动气乃出,物乃生。由人动气也,体动气乃出,子亦生也。夫人之施气也,非欲以生子,气施而子自生矣。天动不欲以生物,而物自生,此则自然也。施气而不欲为物,而物自为,此则无为也。④

可见,天道自然是指万物之生并非天有意识安排的结果,而是在天地施气的过程中自然出现的,即"物自生"。就是说,万物之生其实是万物的自我形成和自我发展。每一事物都具有独立的性质,都有各自生存的方式和必需的生存环境。这意味着本然的自然界是一种自我诞生、自我生长、无外力干预(人为)的独立的状态。

---

① 《论衡校释》第3册,第775页。
② 《论衡校释》第3册,第776页。
③ 《论衡校释》第2册,第631页。
④ 《论衡校释》第3册,第776页。

天道无为是"物自为",即天让万物按照自己的本性,选择合适的生存环境,顺遂地完成自己的生命周期。"天道无为,听恣其性,故放鱼于川,纵兽于山,纵其性命之欲也。不驱鱼令上陵,不逐兽令入渊者,何哉?拂诡其性,失其所宜也。"[1]

三、瑞应解释中的生态意义

汉代流行的天人感应论认为,当人君行仁义之治,政通人和,天就会降下祥瑞之物以示鼓励。嘉禾、蓂荚、朱草、凤凰、麒麟、甘露等都是儒家所认为的神异草木,是人间政治的瑞应。王充对这类瑞应说进行了许多批判。不过我们可以在王充对瑞应说的批判中,看到其中蕴含的生态意义。

王充认为瑞应之物是应"和气"而生的,生于常类又异于常类之性,所以才被叫瑞应。他说:

> 瑞物皆起和气而生,生于常类之中,而有诡异之性,则为瑞矣。故凤凰之至也,犹赤鸟之集也。……嘉禾生于禾中,与禾中异穗,谓之嘉禾。醴泉、甘露,出而甘美也,皆泉、露生出,非天上有甘露之种,地下有醴泉之类,圣治公平,而乃沾下产出也。蓂荚、朱草亦生在地,集于众草,无常本根,暂时产出,旬月枯折,故谓之瑞。[2]

王充指出,凤凰、嘉禾、醴泉、甘露等被儒者视为应太平盛世而出的瑞应之物,并非是天因为国家政通人和所降下的神异之物,不过是生于平常动植物中的珍禽异兽、奇花异木而已,他的本意是以此消除瑞物的神秘色彩,进而否定瑞应说。不过我们可以看到其中的生态意义。

所谓"和气"是指处于和谐状态的天地之气,"阴阳之气,天地之气也,遭善而为和,遇恶而为变,岂天地为善恶之政,更生和变之气乎?然则瑞应之出,殆无种类,因善而起,气和而生。"[3]天地之气的和谐意味着自然界的环境适应万物的生长变化,所以和气其实就是良好的生态环境。就是说,这些珍禽异兽、奇花异木在自然环境和社会美好时才会出现。如果自然环境恶劣,动植物正常的生存都无法维持,

---

[1]《论衡校释》第3册,第782页。
[2]《论衡校释》第3册,第731页。
[3]《论衡校释》第3册,第731页。

是不可能在其中衍生出卓尔不群的异类的。社会环境的美好蕴含着人对动植物的道德态度,也就是说,人们只有道德地对待动物,不随意砍伐树木、滥捕滥杀禽兽,才能出现瑞物。作为瑞物的动植物本身的性质一定是美好而又稀有的,也必然为人们所珍惜。那么人们当然希望这些美好的事物能够尽量出现于自己所处的时代。因此在认识到"瑞物皆起和气而生"之后,人们就会重视生态环境的保护和美好社会环境的营造。此外,在儒家文化的氛围下,历代统治者都追求"瑞应",这促使他们用生态的态度对待自然。

王充以元气说确立了人与天地万物的同一性,将人与自然联系起来构成一个生生不息的循环系统。在人物关系方面,他认为虽然人与物皆禀元气而生,但"天地之性,人为贵",将"识知"作为区分人与物的根本性质,彰显了人的尊严和价值。同时他指出,人可以作为自然的辅助者去帮助万物顺遂地生长。王充立足于道家的自然无为思想,对目的论感应说进行了批判。他认为天道自然是指万物的形成是物自生,即万物的自我形成和发展;天道无为是天让万物按照各自的本性,选择合适的生存环境以全其生。同时他强调了人与自然存在着内在的联系,不过这种联系是单向的。促使统治者以生态的态度对待自然,则是瑞应说的重要生态意义。

王充思想方法简论

关增建　（上海交通大学　科学史与科学文化研究院）

摘　要：王充是东汉杰出的唯物主义思想家。他通过对当时社会上流行的各种谶纬迷信思想的批判，建立了自己的理论体系。在进行这种批判的过程中，他特别注意考查不同物体同一属性在大小、多少等方面的差异，注意物体的尺度、重量等属性以及物体间相互作用范围、远近距离变化等因素，以此来揭露批判对象的荒谬，这使他形成了注重量的概念的独特思想方法，使得量的概念成了他建立自己的理论体系的一个重要出发点。王充这一思想方法在中国历史上是独特的，其形成是由他所处的时代及其学术取向所决定的，对当代社会也具有很强的借鉴价值。

关键词：王充　《论衡》　量的概念　无神论　天人感应

王充是东汉杰出的唯物主义哲学家，在中国思想史上具有重要历史地位。他的《论衡》以"疾虚妄"为旨，对当时社会上流行的各种神学思想做了系统而又全面的批判。通过这些批判，王充展现了他严谨的思维逻辑和高度的认识境界，在中国历史上首次建立了无神论理论体系，奠定了他作为一个杰出思想家的崇高历史地位。

王充之所以能够建立他的无神论学说理论体系，与其独特的思想方法是分不开的。对此，已有不少学者做过论述。例如，说他坚持唯物主义的认识论，同时又注意逻辑论证的力量，还采用了归纳、演绎、类比等方法，等等。这些说法，都是成立的。但我们也要指出，在王充无神论学说形成过程中，量的概念也发挥了重要作用。

这里所谓的量,既可以是物体的数量,也可以指物体的尺度、重量等自身属性,还可以包括物体间相互作用范围、远近距离变化等,是指不同物体同一属性在大小、多少等方面的差异,而不是不同属性在质上的区别。可以说,量的概念是王充思想方法最重要的组成部分。在他关于所有重要问题的论述中,几乎都贯穿着这一思想方法。对此,学术界似乎没有给予足够的重视。本文不揣浅陋,就此展开简单论述。

一、批判世俗迷信的工具

在汉代,社会上充斥着五花八门的世俗迷信。王充就是通过批判这些神秘主义,确立了自己在无神论发展史上的崇高地位。在这些批判中,量的概念得到了充分的应用,成为他用以粉碎世俗迷信的有力工具。这里,我们不妨略举几例加以说明。

在王充的时代,神鬼之说盛行,人们普遍相信人死之后会变成鬼,有人以"人且死见鬼"(《论衡·论死篇》,以下只引篇名)为例,证明鬼确实存在。对此,王充从他的哲学理念出发,认为"人之所以生者,精气也,死而精气灭,能为精气者,血脉也。人死血脉竭,竭而精气灭,灭而形体朽,朽而成灰土,何用为鬼?"(《论死篇》),精气促成了人的生命的存在,使人具有形体和知觉。精气和人的形体相辅相成,它不能脱离人体而单独产生知觉。人死亡以后,精气灭绝,形体衰朽,拿什么东西去做鬼呢?非但如此,王充进一步运用量的概念对人死后成鬼之说做了分析:

天地开辟,人皇以来,随寿而死。若中年夭亡,以亿万数。计今人之数不若死者多,如人死辄为鬼,则道路之上,一步一鬼也。人且死见鬼,宜见数百千万,满堂盈廷,填塞巷路,不宜徒见一两人也。(《论死篇》)

这种驳论,显得十分机敏,它从量的角度论证了所谓"人死且见鬼"之说的不合逻辑,增强了他的无神论主张的说服力。

退一步说,即使人死了,精气仍然存在,变成了鬼,它也无法对人造成伤害。对此,王充仍然从量的角度对此进行论述:

人死不为鬼,无知,不能语言,则不能害人矣。何以验之?夫人之怒也用气,其害人用力,用力须筋骨而强,强则能害人。忿怒之人,呴呼于人之旁,口气喘射人之面,虽勇如贲、育,气不害人,使舒手而击,举足而蹶,则所击蹶无不破折。夫死,骨朽筋力绝,手足不举,虽精气尚在,犹呴呼之时无嗣助也,何以能害人也?凡人与物所以能害人者,手臂把刃,爪牙坚利之故也。今人死,手臂朽败,不能复持刃,爪牙堕落,不能复啮噬,安能害人?(《论死篇》)

这是从要对人体造成伤害所需力的大小出发进行论述。要对人体造成伤害,必须手足有力,"爪牙坚利"才行。如果不用手足,只凭口中气流,即使喷射到人的脸面,也不会对人造成伤害,这是生活中经验告诉人们的。所以,人死了以后,即使精气还存在,其作用充其量也就是像人的呼吸一样,力道非常微弱,根本无法对人造成伤害。

在汉代的世俗迷信中,有一种迷信对于兴建土木工程与太岁的关系非常重视。这种观点认为,"起土兴功,岁月有所食,所食之地,必有死者。假令太岁在子,岁食于酉;正月建寅,月食於巳:子、寅地兴功,则酉、巳之家见食矣。"(《诪时篇》)对此,当时对应的破解方法是:"见食之家,作起厌胜,以五行之物,悬金木水火。假令岁月食西家,西家悬金;岁月食东家,东家悬炭。设祭祀以除其凶,或空亡徙以辟其殃。"(《诪时篇》)王充反对这种做法。他首先论证了兴建土木与岁月之间毫无关系,然后又从量的角度出发,嘲笑了这种所谓的"厌胜之法",他说:

且岁月审食,犹人口腹之饥必食也;且为巳、酉地有厌胜之故,畏一金刃,惧一死炭,同闭口不敢食哉!如实畏惧,宜如其数。五行相胜,物气钧适〔敌〕。如泰山失火,沃以一杯之水;河决千里,塞以一掊之土,能胜之乎?非失五行之道,小大多少不能相当也。……天道人物,不能以小胜大者,少不能服多。以一刃之金,一炭之火,厌除凶咎,却岁之殃,如何也!

这是说,虽然可以按五行相胜理论,按方位悬挂金、木、水或火,但这要想使"岁月"畏惧,却不可能,因为它与"岁月之神"所具有的威力相比,"不如其数",在量级上相差太大。当然,王充并非认为通过增加所悬挂五行之物的量,就可以起到"厌胜"作用,因为他本来就不相信二者之间有关系。他这样论述,只是为了从量的角度说明这种做法的荒唐。

在汉代,卜筮盛行。人们认为,卜筮者通于天地,"卜者问天,筮者问地",天地通过蓍草、龟甲等卜具向卜筮者提供信息,报告吉凶,"蓍神龟灵,兆数报应"。因此,人们"舍人议而就卜筮,违可否而信吉凶",(《卜筮篇》)对之十分信奉。王充反对卜筮之说,他认为卜筮者不可能通过蓍草、龟甲从天地获取信息,这除了由于"蓍不神、龟不灵"之外,还在于天地与人之间的巨大差异。他说:

  天高,耳与人相远。如天无耳,非形体也,非形体则气也,气若云雾,何能告人?蓍以问地,地有形体,与人无异同。人不近耳,则人不闻,人不闻则口不告人。夫言问天,则天为气,不能为兆;问地,则地耳远,不闻人言。信谓天地报告人者,何据见哉?(《卜筮篇》)

这是说,不管天有没有耳朵,卜筮者都不可能通于天地,原因在于天高地大。天高,它即使有耳,也距人甚远,不可能听到人的祈求,也就不可能向人通报信息。更何况天是气,就像云雾一样,根本不可能向人报告。地虽然有一定形体,但是地体广大,它倘若有耳,耳朵也离人十分遥远,同样听不到人的祈求。王充进一步论述道:

  人在天地之间,犹虮虱之着人身也。如虮虱欲知人意,鸣人耳旁,人犹不闻。何则?小大不均,音语不通也。今以微小之人,问巨大天地,安能通其声音?天地安能知其旨意?(《卜筮篇》)

由此,主张"卜者问天、蓍者问地,蓍神龟灵、兆数报应"者,就像说人与寄生在自己身上的虮虱可以互通信息一样,都是不能成立的。

《论衡》对世俗迷信的批判还有很多,在这些批判中,都贯穿着对量的概念的运用。对此,我们不再赘述。

二、反对天人感应学说之利器

  天人感应学说源起于先秦,至汉代发展到登峰造极的地步,曾有一些宰相因此学说被撤职、被迫自尽,有不少大臣因此被贬为庶人、甚至被杀身的。该学说的核心在于认为天有意志,会对人世间的事务做出反应,人的行为也会倒过来影响天。对此,王充给予了猛烈的抨击。王充认为,如果天是自然界,它的变化当然会影响到人,但人的行为却很难感动天,原因在于二者在量的大小上差别太大。他说:

  夫天能动物,物焉能动天?何则?人物系于天,天为人物主也。……

> 天气变于上，人物应于下矣。……故天且雨，蝼蚁徙，蚯蚓出，琴弦缓，故
> 疾发：此物为天所动之验也。故天且风，巢居之虫动；且雨，空处之物扰：
> 风雨之气感虫物也。故人在天地之间，犹蚤虱之在衣裳之内、蝼蚁之在穴
> 隙之中。蚤虱蝼蚁为逆顺横从，能令衣裳穴隙之间气变动乎？蚤虱蝼蚁
> 不能，而独谓人能，不达物气之理也。(《变动篇》)

人生活于天地之间，自然要受到天气变化的影响，但是反过来，人要想依靠自己的个别行为去影响整个天地，却是不可能的，原因在于人跟天地相比，大小相差悬殊。同样性质的作用，天要影响人，可以立竿见影，而人要以自己的行为去感动天，则是不可能的。显然，王充对此问题的论述，完全是从量的概念出发的。

天人感应学说的要害不在于自然界的气候变化，而在于它对天的性质描述的人格化，即所谓的精诚动天说，认为人的行为会打动上天，使得天对人世间的事务做出反应，赏善罚恶。这种说教发端于先秦，盛行于汉代。王充立足于量的观念，对之做了批判。

例如，在《论衡》的《变虚篇》中，王充针对子韦所说的"天之处高而听卑，君有君人之言三，天必三赏君"之语做了辨析。子韦之言，据纬书记载，是指在宋景公时，火星走至心宿，心宿属于宋国的分野，宋景公担心对宋国会有不测之事，召太史子韦而问之。子韦认为这象征国君将有灾祸，劝他嫁祸于人。景公不同意子韦的建议，认为转嫁给谁都不好，他表示愿意由自己来承担这一灾祸。这话感动了上天，于是上天将火星从心宿移开了三舍。王充从量的观念出发，认为这完全是谎言。他说：

> 夫天，体也，与地无异。诸有体者，耳咸附于首。体与耳殊，未之有
> 也。天之去人，高数万里，使耳附天，听数万里之语，弗能闻也。人坐楼台
> 之上，察地之蝼蚁，尚不见其体，安能闻其声？何则？蝼蚁之体细，不若人
> 形大，声音孔气，不能达也。今天之崇高，非直楼台；人体比于天，非若蝼
> 蚁于人也：谓天闻人言，随善恶为吉凶，误矣。(《变虚篇》)

王充认为，天离人太远，它不可能听到宋景公的这些"善言"，这就像人坐在楼台之上，听不见地面蚂蚁的声音一样，因为交流双方的形体相差太大了。因此，既然天与人在大小方面相差悬殊，二者就不能相通。既然不能相通，"人不晓天所为，天安能知人所行？"(《变虚篇》)因此，人无论如何至真至诚，都不能感动天。

在汉代，天人感应论者所津津乐道的关于"精诚动天"的另一个例子是所谓"荆

轲为燕太子刺秦王,白虹贯日"的传说。纬书对这一传说所做的解释是:"此言精感天,天为变动也。"(《感虚篇》)王充则认为,言"白虹贯日",可能是事实,但说"白虹贯日"是由于"荆轲之谋""感动皇天"所致,则"虚也"。他说:

> 夫以筯撞钟,以筭击鼓,不能鸣者,所用撞击之者小也。今人之形,不过七尺,以七尺形中精神,欲有所为,虽积锐意,犹筯撞钟、筭击鼓也,安能动天?精非不诚,所用动者小也。(《感虚篇》)

筯指筷子,是箸的异体字;筭,指算筹,是古代一种计算工具。《汉书·律历志》记载算筹的规格为"径一分,长六寸",可见筯、筭均为细微之物,以之撞钟击鼓,不能令钟鼓正常发声。人在天地之间,要想以自己的"精神"去感动天,就像用筷子撞巨钟、算筹击大鼓一样,无济于事。这并非"心不诚",而是"所用动者小也"。由此,天空出现"白虹贯日",与"荆轲之谋"行为的同时发生,这只是一种偶然巧合,二者并无内在联系。王充就是这样否定荆轲以精诚感动上天的传说的。

谶纬家们还编造说:"邹衍无罪,见拘于燕,当夏五月,仰天而叹,天为陨霜。"(《感虚篇》)对此,王充指出:"言其无罪见拘,当夏仰天而叹,实也;言天为之雨霜,虚也。"(《感虚篇》)他分析说:"夫万人举口,并解吁嗟,犹未能感天,邹衍一人,冤而一叹,安能下霜?"(《感虚篇》)这是拿万人之力与邹衍一人作用相比,指出该传说的不可信。万人同叹,尚且不能感动天,邹衍一人的感叹,又如何能打动天,让天下霜呢?非但如此,王充还进一步指出:

> 夫爁一炬火,爨一镬水,终日不能热也;倚一尺冰,置庖厨中,终夜不能寒也。何则,微小之感,不能动大巨也。今邹衍之叹,不过如一炬、尺冰,而皇天巨大,不徒镬水庖厨之丑类也。一仰天叹,天为陨霜,何天之易感、霜之易降也?(《感虚篇》)

所谓"微小之感,不能动大巨也",是其重视量的思想的自然流露。类似的例子还有许多,这里不再赘述。

天人感应学说的另一表现是所谓的灾异谴告说。该说认为,"天有灾异者,所以谴告王者,信也。夫王者有过,异见于国;不改,灾见于五谷;不改,灾至身。"(《异虚篇》)所谓异,是指一切反常的自然变化。有些自然现象,现在看来是正常的,但古人却认为是反常的,因此将其叫作异。前引子韦为宋景公解说"荧惑守心"之事,就是谴告说的一种表现。

灾异谴告说的表现形式很多,例如,"论说之家,著于善记者,皆云:'天雨谷者凶。'"(《异虚篇》)这就是其中的一种。从天上向下落谷子,确实是反常现象,是异。因此它被古人视为是上天的谴告,是凶兆。对于这种说法,王充不以为然,他说:

夫阴阳和则谷稼成,不则被灾害。阴阳和者,谷之道也,何以谓之凶? 丝成帛,缕成衣,赐人丝缕,犹为重厚,况遗人以成帛与织布乎? 夫丝缕犹阴阳,帛布犹成谷也,赐人帛不谓之恶,天与之谷,何故谓之凶?(《异虚篇》)

王充由小推大,通过量的累积效应,最后说明"天雨谷"是好事,不是凶兆。这种说明方式是他量的思想的另一种表现。

王充批判灾异谴告说,习惯于通过类比的方式,"以小占大",来说明问题。在当时,灾异家们把气候的寒温变化也作为上天的一种谴告,即所谓"灾异非一,复以寒温为之效。人君用刑非时则寒,施赏违节则温。天神谴告人君,犹人君责怒臣下也。"(《谴告篇》)对于此说,王充批驳道:

夫国之有灾异也,犹家人之有变怪也。有灾异谓天谴人君,有变怪天复谴告家人乎? 家人既明,人之身中,亦将可以喻:身中病,犹天有灾异也。血脉不调,人生疾病;风寒〔气〕不和,岁生灾异。灾异,谓天谴告国政;疾病,天复谴告人乎? ……占大以小,明物事之喻,足以审天。(《谴告篇》)

这是通过人体有病,推到自然界有灾异,以之进行类比。人得病是因为血脉不调,不是上天对家人的谴告。同样,自然界有灾异是因为风气不和,也不是上天对人君的谴告。由小推大,可知自然的变异,有其内在原因,与人世间事务无关。这种"占大以小"的思想方法,跟他重视量的概念有一定的关系。

儒生们在宣扬天人感应学说时,还编造了一套理论依据。他们认为:"人在天地之间,犹鱼在水中矣。其能以行动天地,犹鱼鼓而振水也,鱼动而水荡气变。"(《变虚篇》)对这套似是而非的理论,王充也从量的角度出发,指出了其不实之处。他说:

此非实事也。假使真然,不能至天。鱼长一尺,动于水中,振旁侧之水,不过数尺。大若不过与人同。所振荡者,不过百步,而一里之外,澹然澄静,离之远也。今人操行变气,远近宜与鱼等。气应而变,宜与水均。以七尺之细形,形中之微气,不过与一鼎之蒸火,同从下地,上变皇天,何其高也!(《变虚篇》)

王充从作用传播距离的有限性出发，指出了天人感应论者理论的荒谬。而作用传播有限性的提出，正是其量的思想的具体体现。由此可见，量的概念确实是他批判天人感应学说时的重要思想武器。

三、在自然科学领域的应用

王充重视量的概念，这一思想方法在他讨论自然科学问题时也常常被用到，并因之往往得到意想不到的结果。例如，在讨论天地相对大小时，王充就运用这一方法，得出了令人耳目一新的认识。

对天地相对尺度的认识，是古代天文学研究的重要组成部分。无论中国还是西方，人们都对之倾注了极大的热情。在古希腊，人们明确认识到，相对于整个天球而言，地就像一个点一样，其大小可以忽略不计。而在中国，我们的祖先则认为，大地广袤无垠，在尺度上是可以与天相比拟的。这种天地大小相仿的见解是中国古代天文学的传统认识，它不但在一般人心目中得到广泛认可，即使是主张"天大而地小"的浑天学派，也不认为地的尺度与天相比，可以忽略不计。在中国，这种观点存在时间很长，它一直持续到明末清初，传教士传入的西方科学被国人接受，才慢慢销声匿迹。

对古代天文学来说，天地等大理论无疑是其发展道路上的一个重大障碍。有了它，地球观念就无从产生；有了它，月食现象就无法得到科学的解释；有了它，对日月地的尺度等天文数据的测算就难以得出符合实际的结论；有了它，类似于哥白尼所主张的日心地动学说就永远不可能产生。在天文学发展史上，天地等大思想是一种很原始的认识，只有跨越这一认识，天文学才能得到应有的发展。

王充并非职业天文学家，但他对此问题的见解，却超越了当时所有的天文学家。他关于天地相对大小的论述，在中国天文学史上别开蹊径，是古人在此问题的认识上的灵光一现。他在批驳邹衍关于"方今天下在地东南，名赤县神州"的说法时，提出了人所居之地的尺度远远小于天的见解。他在《论衡·谈天篇》中是这样论证自己的观点的：

"天极为天中，如方今天下在地东南，视极当在西北，今极正在北方，今天下在极南也。以极言之，不在东南，邹衍之言非也。如在东南，近日所出，日如出时，其光大。今从东海上察日，及从流沙之地视日，小大同也。相去万里，小大不变，方今天下得地之广少矣。雒阳，九州之中也，从雒阳北顾，极正在北。东海之上，去雒阳三千里，视极亦在北，推此以度，从流沙之地，视极亦复在北焉。东海、流沙，九州东西之际也，相去万里，视极犹在北者，地小居狭，未能辟离极也。"

王充提到的这些观察现象，是当代地球说的自然推论。但王充没有地球观念，他信奉的是地平大地观，这迫使他认真思考这些现象。思考的结果，他认为是我们居住的大地相对于天来讲过于狭小所造成的。根据他的推理，东到东海岸，西到流沙地，相去万里，观测太阳出没，居然大小不变；观测北极星方位，居然都在正北，这只有一种可能："地小居狭，未能辟离极也。"即太阳及北极星离人的距离远远大于人所居之地本身的尺度。地面上的万里之遥，相对于日地距离和北极星去地距离来说，是可以忽略不计的。

需要指出，王充所说的"地小居狭"，指的是当时人的活动范围相比于天来说很小，这里的地并非指整体的天文意义上的地，他没有得出整体的地远远小于天的结论。即使如此，他的分析本身仍然是科学的，是经得起推敲的。他的推理与托勒密对地远远小于天的推论在思想方法上是一致的。托勒密曾明确指出："相对于天空来讲地球是一个点。"他是这样论证自己的观点的：

> 从地球上各个部分同时观看星的大小和距离，似乎都是相等的和相似的。从不同纬度上观看同一些星并没有发现有丝毫差异。可见比起延伸到所谓的恒星天层的距离来说，地球不过像一个点一样。……另一个表明地球与天层距离相比不过是一个点的证据是地平面总是精确地将天球一分为二。如果地球与它到天层的距离相比有一定的大小，那么，只有经过地球中心的平面才能精确地平分地球。经过地球表面任何其他部分所画的平面，都将使地球下面的天球部分大于地球上面的天球部分。[①]

可见，王充的论证方法，与托勒密确实是类似的。虽然由于王充没有地球观念，不能得出与托勒密相似的结论，但无论如何，他的推理本身是值得肯定的，正如中国科学史前辈王班先生所指出的那样："《论衡》……批评邹衍大九洲之说，先取

---

① 宣焕灿.天文学名著选译[M].北京:知识出版社.1989:41.

最近之证据,如张骞使西域之经验,而觉邹衍说之无稽。再就理想方面设想,因太阳出地与北极关系之观察,觉世界地面之大,必远过中国所有者数倍,而断邹衍之说为不合理。可称有讨论真理应有之精神矣。"[1]评价是有道理的。《论衡》的这一论断,是建立在对观测现象进行严谨的数理逻辑分析基础之上的,有相当的合理性,而其结论本身则对中国传统天文学某些观念具有颠覆性作用。例如,既然从极东的东海至极西的流沙之地,观测北极星的方位都在正北,那么为什么当沿子午线移动时,北极星的出地高度却会发生显著变化呢?沿着东西和南北不同方向移动,看到的北极星方位的变化为什么会表现出如此的不对称呢?深究此类问题,就会导致地平大地观的破产,导致地球观念的产生。再如,既然太阳离开人的距离远远大于人活动的范围,那就意味着从太阳传到地上的光线可以被视为平行光,如果这样,建立在立竿测影、用勾股术推算日高天远基础上的传统天地测量之术的前提条件将不复存在,而测量是天文学赖以生存的基础,传统的测量基础不存在了,传统天文学势必将被迫走上脱胎换骨的再生之路。由此,王充的这一论述,确实可以被称为是中国天文学史上的一道亮光。

在对江河大潮形成原因的认识上,王充同样运用量的概念来论证他的观点。当时有一种说法,说是"吴王夫差杀伍子胥,煮之于镬,乃以鸱夷橐投之于江。子胥恚恨,驱水为涛,以溺杀人",认为这是导致江河大潮形成的原因。(《书虚篇》)对此,王充指出:

> 夫言吴王杀子胥投之于江,实也;言其恨恚驱水为涛者,虚也。屈原怀恨,自投湘江,湘江不为涛;申徒狄蹈河而死,河水不为涛。世人必曰:"屈原、申徒狄不能勇猛,力怒不如子胥。"夫卫菹子路而汉烹彭越,子胥勇猛不过子路、彭越。然二士不能发怒於鼎镬之中,以烹汤菹汁浐渒旁人。子胥亦自先入镬,后乃入江;在镬中之时,其神安居?岂怯于镬汤,勇于江水哉!何其怒气前后不相副也?……
>
> 且夫水难驱,而人易从也,生任筋力,死用精魂。子胥之生,不能从生人营卫其身,自令身死,筋力消绝,精魂飞散,安能为涛?使子胥之类数百千人,乘船渡江,不能越水。一子胥之身,煮汤镬之中,骨肉糜烂,成为羹

---

[1] 王琎.中国之科学思想[A].李约瑟文献中心.李学通报[C],2001(秋季号).

茈,何能有害也?(《书虚篇》)

显然,王充从量的差异出发,通过比较不同的场合、不同的人物,来说明江河之潮,并非伍子胥之怨气驱水使然。他用这样的方式,批驳了在此问题上的迷信传说,使得科学问题回归于自然本身:

夫地之有百川也,犹人之有血脉也。血脉流行,泛扬动静,自有节度。百川亦然,其朝夕往来,犹人之呼吸气出入也。天地之性,上古有之,《经》曰:"江、汉朝宗於海。"唐、虞之前也,其发海中之时,漾驰而已;入三江之中,殆小浅狭,水激沸起,故腾为涛。广陵曲江有涛,文人赋之。大江浩洋,曲江有涛,竟以隘狭也。(《书虚篇》)

王充的说法,虽然并未彻底揭示江潮形成原因,但已经把人们的认识大大推进了一步。

在对陨石形成原因的解说上,王充也有完全不同于传统观点的认识。我国习惯上认为陨石是天上的星星陨落地面形成的。《左传》在解释《春秋·僖公十六年》"陨石于宋五"的记载时,提出了"陨星也"之说,开创了这种解释的先河。此说为大多数后世学者所接受,形成了对陨石成因的传统解说。但是,王充反对这种解说,其根据就是星体的远近大小的视觉变化。他说:

数等星之质百里,体大光盛,故能垂耀。人望见之,若凤卵之状,远失其实也。如星陨审者,天之星陨而至地,人不知其为星也。何则？陨时小大不与在天同也。今见星陨如在天时,是时星也非星,则气为之也。(《说日篇》)

王充认为,视物近则大,远则小,人们所见到的地上的陨石,看上去与星星在天上的大小差不多,这表明它们不是天上的星星。"何则?陨时小大不与在天同也。"

王充否认陨石为星,在科学史上是有意义的。当今学者对《左传》的"星陨为石"说推崇备至,认为它早于西方近两千年提出了正确的陨石成因说。这实际上是个误解,因为现代科学所说的形成陨石的星,指的是流星,即在太阳系行星际空间飘浮的天体。这种认识,在古代是不存在的。古人所谓"星陨至地"的星,对应的是天上的恒星,而恒星是不可能落到地球上去的。所以,《左传》的解说,实际上是错误的。王充从量的角度出发,纠正了古人这一错误认识。

因为王充习惯于从量的角度观察问题,所以他对于涉及物体间相互作用的自

然科学问题就比较敏感,例如他曾多次提及与物体惯性有关的一些现象:

>是故湍濑之流,沙石转而大石不移,何者?大石重而沙石轻也。……金铁在地,焱风不能动,毛芥在其间,飞扬千里。……车行于陆,船行于沟,其满而重者行迟,空而轻者行疾。……任重,其取进疾速难矣。(《状留篇》)

对于自然界广泛存在的生存竞争,他也有所描写:

>凡万物相刻贼,含血之虫则相服,至于相啖食者,自以齿牙顿利,筋力优劣,动作巧便,气势勇桀。……夫物之相胜,或以筋力,或以气势,或以巧便。小有气势,口足有便,则能以小而制大;大无骨力,角翼不劲,则以大而服小。鹊食蝟皮,博劳食蛇,蝟、蛇不便也。蚊虻之力,不如牛马,牛马困于蚊虻,蚊虻乃有势也。鹿之角,足以触犬,猕猴之手,足以博鼠,然而鹿制于犬,猕猴服于鼠,角爪不利也。……故夫得其便也,则以小能胜大;无其便也,则以强服于赢也。(《物势篇》)

所有这些,都是从物的相互作用着眼,通过分析其相应量的关系,得出具有普遍意义的结论来。

王充运用量的概念讨论自然科学的例子还有很多,诸如热的扩散、声音传播、物体远近视角变化、日体晨午大小远近之争、自然界的气候变迁,等等。这些讨论,常令人耳目一新,这与他重视量的思想方法是分不开的。

四、来源及局限性

王充重视从量的角度出发思考问题,这在中国古代历史上,是比较突出的。他的这一思想方法的渊源何在?

战国时期,《庄子·秋水》篇曾借北海若之口谈论人与天地之关系:

>吾在天地之间,犹小石小木之在大山也。方存乎见少,又奚以自多!计四海之在天地之间也,不似礨空之在大泽乎?计中国之在海内,不似稊米之在大仓乎?号物之数谓之万,人处一焉;人卒九州,谷食之所生,舟车之所通,人处一焉;此其比万物也,不似毫末之在于马体乎?

礨空,指蚁穴。这些话,与王充关于人与天地在量上差异悬殊的说法如出一辙。不过，庄子强调的是物体间差别的相对性，阐扬的是其"齐物论"：

> 以道观之，物无贵贱；以物观之，自贵而相贱；以俗观之，贵贱不在己。以差观之，因其所大而大之，则万物莫不大；因其所小而小之，则万物莫不小。知天地之为稊米也，知毫末之为丘山也，则差数睹矣。

这一结论与王充可谓同途殊归。

先秦另一典籍《墨经》中则有另外的说法："五行毋常胜，说在宜"。这种说法主张五行生克不是绝对的，与当时流行认识是不一致的。《墨经·经说》对该陈述进行解说，认为"火铄金，火多也；金靡炭，金多也"，完全从量的角度出发论述五行之关系。无独有偶，王充对五行生克关系的认识，与之完全类似：

> 天地之性，人物之力，少不胜多，小不厌大。使三军持木杖，匹夫持一刃，伸力角气，匹夫必死。金性胜木，然而木胜金负者，木多而金寡也。积金如山，燃一炭火以燔烁之，金必不销。非失五行之道，金多火少，少多小大不钧也。(《调时篇》)

就思想方法而言，王充对五行生克的认识，与《墨经》是一致的。

但是，真正使王充形成用量的概念来思考问题这一思想方法的，恐怕还是他所处的时代及他自己的学术取向。在汉代，天人感应学说盛行，该学说的重要特点在于，它在肯定自然界与人之间存在着广泛的联系的同时，把这种联系以及由这种联系所规定的相互作用绝对化，尤其是把人对自然界的作用能力意志化和不适当地绝对化，从而引申出许多荒唐结论。导致出现这种现象的重要原因之一就在于该学说忽略了相互作用双方在量上的差异。王充以"疾虚妄"为己任，天人感应学说是被他视为"虚妄之言"的集中代表，他要对这一学说进行全面分析批判，就必然要认真思考该学说的不能成立之处，而缺乏量的概念正是天人感应学说最薄弱的地方。作为该学说的批判者，王充不难发现这一点，由此必然会引起他自己对于量的概念的重视。这种思想方法一旦形成，他就会在探讨其他问题时，自觉不自觉地加以应用，从而使得量的概念在他的思想中发挥巨大作用。

王充重视量的概念，从科学史的角度来看，这是一种相当先进的思想方法。但这里的量并非当代科学所谓之"定量"。王充虽然重视事物在量上的差异，却很少想到要将这些差异定量化。实际上，早在西汉末年，王莽秉政时，刘歆受命考订度量衡，即曾就数量与把握事物性质之关系发表过议论，《汉书·律历志》记载他的言

论说:

> 数者,一、十、百、千、万也,所以算数事物,顺性命之理也。……夫推历生律制器,规圜矩方,权重衡平,准绳嘉量,探赜索隐,钩深至远,莫不用焉。

相比之下,王充并未从具体数量关系角度对事物性质做过深入探讨。他所重视的量的概念,只是对事物相对大小等性质的反映,并没有向定量化方向发展。

要求王充具有定量思想,这是一种苛求,因为他是一位思想家,并非职业科学家。但是,他在《论衡》中出现数学上粗枝大叶错误,则是不应该的。王充在反驳战国邹衍的"大九洲"说时,指出,从观测角度推论,"天极为天中",极南极北、极东极西,至少应各有五万里的距离,这样,天下的实际大小应为:

> 东西十万,南北十万,相承(乘)百万里。邹衍之言:"天地之间,有若天下者九。"案周时九州,东西五千里,南北亦五千里。五五二十五,一州者二万五千里。天下若此九之,乘二万五千里。二十二万五千里。如邹衍之书,若谓之多,计度验实,反为少焉。(《谈天篇》)

这段话,也是从量的角度出发进行论证,认为邹衍的大九州说看上去似乎范围很大,但真正推敲起来,"计算验实,反为少焉。"但是,就在这为数不多的定量计算中,王充居然出现了两处数学错误。东西十万,南北十万,相乘为百万万,即一百亿,而不是他所说的一百万。东西五千里,南北五千里,相乘为二千五百万平方里,也不是他所说的二万五千里。出现这样的错误,无形中削弱了他的论证所具有的说服力。这不能不说是他的理论的一种瑕疵。

五、王充思想方法的当代价值

王充从量的角度而不是质的规定性出发讨论问题,其思想方法是独特的。这种思想方法不但帮助他建立了自己独具特色的理论体系,而且一直到今天,都还有着极为重要的现实意义。

说到量的概念,中国人并不陌生。我们从小学哲学就学到了量变质变规律,知道它是在哲学上最具普遍性的三个辩证法规律之一(另外两个是对立统一规律和否定之否定规律)。它揭示了事物发展变化形式上具有的特点。所谓量,是指事物的规模、程度、运动速度的快慢、质量大小、含量高低、颜色深浅等可量化的规定性。对量的把握,体现了认识的深化和精确化。事物的变化,从量变开始,质变是量变的终结,而且也为新的量变开辟了道路。

这些哲学术语,要将其背诵下来并不难,但要真正养成从量和质两个方面来看问题的习惯,却不容易。人们习惯于一分为二,非黑即白,从质的有无角度看问题,却忽略了从量的多少的角度进行评判,有时还会因为缺乏量的概念,导致不必要的社会恐慌。

例如,手机是现代社会不可避免的用品。要确保手机的正常使用,需要架设一定数量的手机信号基站。近年来,随着人们健康意识的增加,电信部门在为手机信号基站选址时遇到了比以前更大的麻烦。人们总担心基站附近的辐射问题,担心受到伤害,缺乏"安全距离"意识、缺乏对手机信号基站辐射度大小的量上的考虑,对基站辐射的伤害性"宁可信其有,不可信其无",一提到要在自己生活处附近建手机信号基站,往往是无条件反对。这就是长期以来养成的"不管多少,只问有无"思维惯性的表现,是缺乏量的概念的结果。类似的例子可以举出许多,这里不再赘述。

在科学研究上,与量的概念相关的是数量级的概念。把握数量级的概念对科学研究至关重要。著名化学家、曾任中国科学院院长的卢嘉锡教授就特别重视对量的概念的把握,他把这种把握称作"毛估"。按卢嘉锡教授自己的话来说,他是读大学期间形成了这种思维模式的。具体地说,就是不论是考试还是做习题,他总是千方百计根据题意提出简单而又合理的物理模型,毛估一下答案的大致数量级再进行计算。如果计算的结果超出这个范围,就赶快检查一下计算过程。这种做法,使他能够有效地克服因偶然疏忽引起的差错[1]。在走上科学研究的道路之后,卢嘉锡教授巧妙地运用这种思维模式,取得了一系列重要成就。

无数事实证明,养成善于从量的角度分析问题的习惯,对提高一个人的科学素养,是至关重要的。在这方面,王充的思想方法迄今仍有其不可磨灭的借鉴价值。

---

[1] 卢嘉锡.毛估比不估好.中学生数理化(高考数学),2002(9).

王充"疾虚妄":破和立的统一

陈卫平 （华东师范大学哲学系）

《论衡》是现今唯一留存下来的王充著作,此书的宗旨,王充说恰如孔子对《诗经》用"思无邪"而一言以蔽之,"《论衡》篇以十数,亦一言也,曰:疾虚妄。"(《论衡·佚文篇》,以下出自《论衡》的引文,只注篇名)一般把"疾虚妄"解说为批判精神,这没有错。然而,如果把批判精神理解为只是"破",那就有片面性了。[1]事实上,王充的"疾虚妄"是既有"破",又有"立",这里仅仅论述以往关注较少的两个方面:在学术思潮上,破"独尊儒术",立"含百家之言";在天道观上,破天人感应"或使"说,立天道自然"莫为"说。

一、破"独尊儒术",立"含百家之言"

自从董仲舒的"独尊儒术,罢黜百家"被采纳之后,儒学成为经学,充当了官方意识形态,由此形成了以儒学经典自限、唯儒学经典是从的学术体系和学术话语。王充以极大的理论勇气,批判了"独尊儒术"的学术霸权,倡导建立"含百家之言"(《别通篇》)即吞吐百家学说的学术体系和学术话语。

经学的实质,是将儒家《五经》看作全部知识和真理之所在。于是,儒生的眼界就被束缚于几本经书上,如《汉书·艺文志》所说:"幼童守一艺,白首而后能言"。王充指出这导致了学问的狭隘和单一:"夫儒生之业,《五经》也。"埋首经书,不知《五

---

[1] 出版于1934年的冯友兰《中国哲学史》(下)认为,《论衡》"书中所说,多攻击破坏,而少建树。"意即《论衡》"破"多"立"少。

经》之后和之前的事情,因而不是"知古不知今,谓之陆沉",就是"知今不知古,谓之盲瞽。"(《谢短篇》)把以通晓《五经》为己任的"博士"比喻为"陆沉"和"盲瞽",生动刻画了他们的学问极其可怜的形象,也揭示了困守经书的背后是对"博士"功名利禄的追求。针对如此状况,王充提出放眼"天下之事,世间之物",走出经书的禁锢,"入山见木,长短无所不知;入野见草,大小无所不识"(《超奇篇》),把面向现实作为做学问的价值追求。他认为孔孟圣贤正是这样的榜样:"孔子圣人,孟子贤者,诲人安道,不失是非。"(《命禄篇》)孔孟把教化民众和治理天下作为任重道远的终身担当,"儒者所怀,独已重矣,志所欲至,独已远矣,身载重任,至于终死,不倦不衰,力独多矣。"(《效力篇》)这实际上指出了儒学独尊与仕进制度挂钩,不仅使儒生的学术画地为牢,而且扭曲了先秦儒学"务为治"(司马谈:《论六家要旨》)的学术导向。这体现了以家国情怀构建学术体系和话语体系的自觉。

以儒家《五经》自限,必然唯儒家经典是从。两汉经学的今文、古文之争,所争的在于什么是应当信从的儒家经典。王充曾在当时讲授儒学经典的最高学府太学求学,太学每门儒经讲授的"博士"是官方认定的权威,他们的讲解被称为"师法""家法",不容学生对此有怀疑和改动。王充认为这极大地抑制了思想学术的创新:"世儒学者,好信师而是古,以为贤圣所言皆无非;专精讲习,不知难问。"(《问孔篇》)"儒者传学,不妄一言,先师古语,到今具存,虽带徒百人以上,位博士、文学,邮人、门者之类也。"(《定贤篇》)就是说,谨守"师法"、"家法"的儒生,对儒家学说毫无创造可言,所扮演的角色犹如原封不动地传递本本的邮差和门卫。与此相反,王充写了锋芒鲜明的《问孔》和《刺孟》。破除视儒家经典句句是真理的盲从:"贤圣下笔造文,用意详审,尚未可谓尽得其实;况仓促吐言,安能皆是?不能皆是,时人不知难,或是,而意沉难见,时人不知问。案贤圣之言,上下多相违;其文,前后多相伐者。世之学者,不能知也。"(《问孔篇》)圣贤的言论和文章并非"皆是",对他们提出诘难和疑问,不仅是正当的,而且是思想学术创新的必由之路:"凡学问之法,不为无才,难于距师,核道实义,证定是非",所以,"苟有不晓解之问,追难孔子,何伤于义?诚有传圣业之知。伐孔子之说,何逆于理?"(《问孔篇》)思想学术进步的关键,在于"距师"即不盲从师说,问难孔子正合乎推动学问的义理。

"独尊儒术"与"罢黜百家"相对应。因此,王充在破除"独尊儒术"的同时,提出了"含百家之言"的主张。他说:"大川相间,小川相属,东流归海,故海大也。海不通于百川,安得巨大之名?夫人含百家之言,犹海怀百川之流也。"(《别通篇》)吸纳百家学说,才能使思想学术像大海一般博大。事实上,《论衡》所要建立的正是"博通众流百家之言"(范晔《后汉书·王充传》)的学术体系和学术话语。他反对"独尊儒术",指出孔孟之书有"上下多相违""前后多相伐"之处,但也吸取了儒家不少思想,如上面所说的孔孟具有家国情怀的学术追求;还有"养德"(《非韩篇》)思想,即是从儒家的"仁政""德治"发展而来。对于道家的自然原则,王充多有肯定和发扬:"黄老之家,论说天道,得其实矣。"(《谴告篇》)认为自己的天道观"虽违儒家之说,合黄老之义",但有批评道家讲"自然"有不重实证的缺点:"道家论自然,不知引物事以验其言行,故自然之说未见信也"(《自然篇》)。王充的"薄葬"既吸取了墨家的"节葬",又摒弃其有鬼论:"墨家之议,自违其术,其薄葬又右鬼"(《薄葬》);他继承了墨子的重视感觉经验,"须任耳目以定情实"(《实知》),又指出其忽视理性的弊病,"墨议不以心原物,苟信见闻,则虽效验章明,犹为失实"(《薄葬》)。王充的《非韩篇》批评法家一味"明法尚功""以法为教""以吏为师",而轻视礼义、鄙弃儒生,认为这是"危亡之术";但也吸收了韩非"当今争于气力"的思想,把"养力"作为"治国之道"之一。王充的"含百家之言"还包括对汉代学术成果的继承发展,《论衡》的《超奇篇》《案书篇》等,肯定汉代陆贾、董仲舒、司马迁、刘向、刘歆、扬雄、桓谭等人的学术创造。这意味着王充的"含百家之言"的学术体系和话语体系,是对先秦诸子和汉代学术的创造性转化和创新性发展。

二、破天人感应"或使"说,立天道自然"莫为"说

汉代的天道观主要讨论宇宙论问题。先秦《庄子·则阳》提到,当时在宇宙论上有"或使"和"莫为"两种学说:"季真之莫为,接子之或使,二家之议,孰正于其情?孰遍于其理?"这两家的学说具体如何,现在因文献的缺乏,已不知其详。不过,从庄子的论述来看,两家学说的争论焦点在于:是否有个外部的实在力量推动事物的变化运动?是否有个超越的实体作为动力因?或使说对此予以肯定,而莫为说对此予以否定。汉代宇宙论正是围绕"或使""莫为"之争而展开,董仲舒和王充集中表现了这一点。

王充所在的东汉,儒学和谶纬神学结合在一起,而这两者结合的理论基础是董

仲舒的天人感应论。董仲舒天人感应论的主要内容是："天"以自然界的某种祥端之物或灾异之象显示意志和情感,以此分别表示对于人间政治好或坏和社会状况治或乱的肯定和警示,前者即符端说,后者即谴告说。这样的天人感应论是带有神学色彩的或是说。董仲舒认为天人之间之所以能够产生互相感应,在于天人同类,"天亦有喜怒之气、哀乐之心,与人相副。以类合之,天人一也"(《春秋繁露·阴阳义》);明符端说和谴告说也体现了同类感应,即"美事召美类,恶事召恶类。类之相应而起也,如马鸣则马应之,牛鸣则牛应之"(《春秋繁露·同类相动》);而同类相动是由一个外在动力促使的,"相动无形,则谓之自然。其实非自然也,有使之然者也。"同类感应并非自然发生,而是有"使之然者"。这个"使之然者"就是天意,如武王见赤雀预示了周朝兴盛(《春秋繁露·同类相动》);天是事物变化的动力因,也是目的因,因为自然界的万事万物都是天有意识有目的的安排,如"天地之生万物也,以养人"(《服制象》)。

王充以天道自然的莫为说反对董仲舒神学目的论的或使说。他说:"天动不欲以生物,而物自生,此则自然也。""自然之道,非或为之也。"(《自然篇》)万物的产生是自然而然的,并非天有意识的作为,这就是否定有"或为之"的天意作为外在动力因。因此,"夫人不能以行感天,天亦不随行而人。"(《明雩篇》)即天人之间不存在互相感应的关系。王充进一步指出,天人感应的两大支柱即符端说、谴告说,都有违于天道自然无为:"如天端为故,自然焉在?无为何居?"(《自然篇》)"天道自然也,无为;如谴告人,是有为,非自然也"(《谴告篇》)。王充这样的莫为说是以气一元论为基础的。他说:"天地,含气之自然也。"(《谈天篇》)"人,物也,万物之中有智慧者也。其受命于天,禀气于元,与物无异。"(《辨祟篇》)意思是说,天地万物以气为本源,都由其所派生,在这一点上,人亦是如此。王充以气为世界统一原理,也以气为世界发展原理。他认为气产生万物并非是有目的的活动,而是自然而然的,"施气不欲为物,而物自为,此则无为也。谓天道自然无为者何?气也。恬淡无欲,无为无事者也。"(《自然篇》)气作为万物变化的动因,是自己存在、自己运动的,这就否定了把万物和人类看作是天意"故生"的神学目的论:"阳气自出,物自生长;阴气自起,物自成藏。"(《自然篇》)"儒者论曰:天地故生人,此言妄也。夫天地合气,人偶自生也。"(《物势篇》)他以气"自变"而产生万物来批判符端说和谴告说,指出所谓祥端之物如嘉禾、醴泉等,同样是气"自变"的产物,而不是天之"故降":"瑞物皆起和气而生,生于常类之中,而有诡异之性,则谓瑞矣。"(《讲瑞篇》);灾异也不是天之谴告,而是由气"自变"所造成的无意识的变化,如雷击死人并非是"天怒",因为雷是阴阳二气相互作用时阳气过激而产生的,"雷者,太阳之激气也。"(《雷虚篇》)以现代科学知识的眼光来看,这些阐述不足为道,但其中包含着值得重视的哲学观点:把事物的运动变化归结于自身的内因。

这样的观点之所以值得重视,在于它将汉代宇宙论的"或使""莫为"之争提高到了新的水平。董仲舒的天人感应论,如上所说是神学目的论的或使说。与董仲舒同时代的《淮南子》是汉代黄老之学代表。它不是用天意而是用气来说明宇宙的构成和发生,其《天文训》用阴阳二气的运动形成了天体和气候变化,阴阳二气的性能造成了自然现象的变化,其《精神训》认为人也是由阴阳二气构成的。[①]但是,它在事物发展的动因上也持或使说,其《览冥训》认为在"物类之相应"背后,有某种"或感之""或动之"的"玄妙深微"的力量;于是把事物变化的原因归之外力的作用,即其《泰族训》所谓的"化生于外,非生于内"。王充显然吸取了《淮南子》气论思想,同时克服了它的外因论。西汉末年的大儒扬雄赞同《老子》的天道自然无为:"或问天,曰:'吾于天与,见无为之为矣。'或问:雕刻众形者匪天与?曰:'以其不雕刻也,如物刻而雕之,焉得力而给诸?'"(《法言·问道》)这是用莫为说反对或使说,但没有予以展开,明确提出内因是事物运动变化的原因。可见,王充在气一元论基础上把世界第一原理和世界发展原理紧密结合,是对从董仲舒、《淮南子》到扬雄的或使说和莫为说争论的总结,即提出了元气以自身为原因并是天地万物的原因。这预示着王充哲学处于从宇宙论向本体论转化的前夕,而且预示出转化的轨迹将是世界第一原理和世界发展原理的统一,这就是后来魏晋玄学的"体用不二"。

除了上述两个方面之外,王充"疾虚妄"破和立的统一,还表现在其他方面,如在认识论上,破"伪书俗文",立"实诚""效验";在人道观上,破时、命之困局,立"率性"之"贤人"。就是说,王充"疾虚妄"的破和立的统一贯穿其整个思想之中,由此它成了汉代哲学史的重要一页。

[①] 冯友兰.中国哲学史新编(中)[M].北京:人民出版社,1998:160-161.

衡平与创新：王充思想的发生原理

王 珏 （军事科学院战争研究院）

东汉思想家王充是点缀在中国思想天空放射着异彩的星辰，千百年来，著录者多将他的《论衡》归于子部杂家类。所谓"攻之者众，好之者终不绝"（《四库全书总目提要·论衡》）。早在汉末魏晋时期，"好之者"曾将王充盛赞为"洪才渊懿，学究道源，著书垂藻，骆驿百篇，释经传之宿疑，解当世之槃结。或上穷阴阳之奥秘，下据人情之归极"的英俊之士（《三国志·吴书·虞翻传》裴注引《会稽典录》）。①到了隋唐时期，"攻之者"将王充贬斥为"盛矜于已，而厚辱其先，此何异证父攘羊，学子名母。必责以名教，实三千之罪人也。"（刘知几《史通·序传》）②延至宋元明时期，攻之者的矛头直指王充的著作《论衡》，或以为"亦未见其奇也。"③或以为"夫饰小辩以惊俗，充之二十万言，既自不足多道。"（吕南公《宋文鉴》卷一三一《题论衡后》）④或以为"'谈助'之言，可以了此书矣。"（高似孙《子略》卷四《王充论衡》）⑤或以为"甚至讥孔、孟而尊老子，抑殷、周而夸大汉。……皆发于一念之怨愤，故不自知其轻重，失平如此。"（黄震《黄氏日抄》卷五十七《读诸子》）诸如此类，褒贬者甚众。

在今天看来，无论"攻之"，还是"好之"，古人多以评判者自居，反不如"王充为汉代学界之一奇人，《论衡》为汉代学界之一奇书"⑥这样的评价来得更为平实。现

---

① 陈寿.三国志[M].1982:1325.
② 浦起龙.史通通释[M].上海:上海古籍出版社,1978:257.
③ 陈振孙.直斋书录解题[M].上海:上海古籍出版社,1987:302.
④ 纪昀等.景印文渊阁四库全书（第1351册）[M].中国台湾:台湾商务印书馆,2005:491.
⑤ 纪昀等.景印文渊阁四库全书（第674册）[M].中国台湾:台湾商务印书馆,2005:520.
⑥ 周桂钿.评中外学者论王充.哲学研究,1992(2).

代史家主张"对于古人之学说,应具了解之同情"(陈寅恪《冯友兰中国哲学史上册审查报告》),以下秉承这样的态度,对王充思想的发生机理,给出自己的理解。

一、王充思想发生的时代契机

考察王充和他的《论衡》在中国思想史上的地位,有一个必要前提就是尽可能复原东汉之前中国思想的演进实相。

(一)"哲学",还是"思想"?"截断",还是"精进"?

胡适先生曾将中国哲学的结胎时代,定位在孔子和老子思想面世之际,他断言:"中国哲学到了老子孔子的时候,才可当得起'哲学'两个字。我们可把老子孔子以前的二三百年,当作中国哲学的怀胎时代。"[1]对于胡适先生的议论,有两点不能认同:

第一,老子、孔子生于春秋中后期,上距肇端于约公元前30世纪的中国古代文明初曙季,尚有2000多年的时程。胡适先生将老子、孔子之前的二三百年当作"中国哲学的怀胎时代",不仅拦腰斩断了中国思想的发展进程,而且过度低估了上古时期的思想高度。

第二,"哲学",源出希腊文philosophīa,所谓"哲学",希腊文原意为"爱智慧",日本人借用古汉语译作"哲学"。古汉语的"哲"有两意,一是《尚书·皋陶谟》:"知人则哲",有聪明之意。一是《左传·成公八年》:"赖前哲以免也",指明达、才知之士。[2]这里需要特别指出,"哲学"是一个刻板概念,掩盖了"爱智慧"本身含有的主动获取和不断提升的指向。关于这一点,孔子的认识与古希腊人是相通的,他指出主动认识并不断提升的途径就是"学而时习之"。"学"是为了努力获得前人的认识,"习"在反复体验和反复实践中提升,"时"是"无时不",永无止境。与"哲学"比较,出自《黄帝内经·素问·上古天真论》的"思想"一词,呈现人类认识处于不断精进的状态,颇具中国智慧的灵动性。[3]

---

[1] 胡适.中国哲学史大纲[M].上海:上海古籍出版社,1997:25.
[2] 辞海编辑委员会.辞源[M].上海:上海辞书出版社,1990:84.
[3] 《黄帝内经·素问·上古天真论》云:"外部劳形于事,内无思想之患"。

(二)中国古典思想的蜕化

中国古典思想脱胎于西周初期,且自成体系。以时间发生先后为序,在王充之前,呈现出怀胎、脱胎、删削、蒙蔽的演进实相,至少不可忽略这样五个时代:人类智力初开的时代;生息在中国地域范围内的人类群体命运开始交织在一起的五帝时代;西周初年,周公礼制思想和姜太公军事思想结对出现的时代;春秋后期,孙子军事思想和孔子儒家思想结对出现的时代;秦汉以降,专制皇权肆虐天下的时代。

1. 中国思想的种子萌发于人类的智力初开时

文明之光乍现,便启动不断提升的认识历程。"《易》为大道之源"。传说中的伏羲处于中国文明激发的节点时刻,堪称中国独特的思维模式的开启人物。他以简易的太极、阴阳、八卦等符号,勾画出天地运行的规律。"以通神明之德,以类万物之情"①。人类思维的成果,一开始并没有明确分途。《易》始终保有"一阴一阳之谓道"(《周易·系辞上》)②的相成思维和"天下同归而殊途,一致而百虑"(《周易·系辞下》)③的整体思维。这些思想不是空诸依傍、无中生有的产物。以今日推上古,最初激发并引导先人思考的是饥饿、安全、繁衍这些本能性需求。为了满足这些人之大欲,人们不惜以性命相搏。从长远处观察,早期的理性先导之河不外乎两个流向:一是指向族群内部的为人之道;二是指向族群之间的相处之法。前一思维方向是儒家的上游,后一思维方向是兵家的上游。举例言,《易》的军事思想弥足珍贵,在生死较量中,先人深刻认识到,频频发生的人与人之间相互攻击的战争不是正常态,导致兵戈相向的动因诸如领土争端、武力入侵、种族清洗、民族复仇、宗教冲突之类,并非发自人类的本性。这些浅层因果关系只会将人类带入混乱失序的泥淖,而人类生命的真正本质是向善的境界进发,因此,尽可能规避暴力手段,始终是人类解决相互间矛盾的最佳选择。《易》的思维路线和选择方式,折射出中国文化的属性。久而久之,《易》的相成思维与整体思维形成传统,帮助后人做出合乎理性的决定,甚至沉淀成文化基因,在一代代中华子孙的生命中传递。然而,"天象远而难寻,人事近而易习"④。《易》的高迈思维,后世之人难以捕捉,以致在传播中出现纷然

---

① 陈鼓应,赵建伟.周易今注今译[M].北京:商务印书馆,2005:650.
② 李道平.周易集解纂疏[M].北京:中华书局,1994:558.
③ 王弼等注,孔颖达疏.周易注疏[M].北京:中央编译出版社,2013:485.
④ 李鼎祚撰,王丰先点校.周易集解[M].北京:中华书局,2016.

淆乱、莫辨源流的局面,在皇权时代的当政者的头脑中更是颇失其传。

2.五帝时期的思想形态

按照《史记·五帝本纪》记述的古史体系,颛顼、帝喾、尧、舜、禹、夏、商、周同根同源,太史公接受并记述下来的是天下本一家的古史观念。史乘给我们留下了关于五帝时期的开明印象,那时的思想境界上升到很高层次。《史记·五帝本纪》载:"轩辕(黄帝)之时,诸侯相侵伐,暴虐百姓,而神农氏弗能征。于是轩辕乃习用干戈,以征不享。""炎帝欲侵陵诸侯,诸侯咸归轩辕。轩辕乃修德振兵,治五气,艺五种,抚万民,度四方,教熊罴貔貅貙虎,以与炎帝战于阪泉之野。""天下有不顺者,黄帝从而征之,平者去之,披山通道,未尝宁居。"唐代名将李靖曾言:"臣(案)[按]兵法,自黄帝以来,先正而后奇,先仁义而后权谲。"[1]《尉缭子·神谈》亦盛赞:"刑以伐之,德以守之,非所谓天官时日阴阳向背也。黄帝者,人事而已矣。"[2]到了帝尧时,"百姓昭明,合和万国。""流共工于幽陵,以变北狄,放驩兜于崇山,以变南蛮,迁三苗于三危,以变西戎,殛鲧于羽山,以变东夷,四罪而天下咸服。"五帝时代图治天下的观念可以概括为"伐暴虐""制侵陵""和百姓""安四方"。这种智慧薪尽火传,生生不息,催生中国思想之轮并没有脱离最初的良性轨道。

3.中国思想体系的脱胎时期

"殷因于夏礼,所损益,可知也;周因于殷礼,所损益,可知也。"(《论语·为政》)中国社会的演进是反思性演进。是否可以尝试提出这样一种思维路线:儒家建立维护秩序,兵家挑战摧毁秩序。两者是不同性质的文化力量,儒家有稳定功能,兵家具破坏属性,儒家的起点开启新建立的社会秩序,兵家的终点结束旧社会秩序,结束之后一般需要开启,两者的结合点恰在此破旧立新之际。这就决定儒家和兵家必然是关乎天道人心的大学问,而不仅是处事谋人的小技巧!代表兵家与儒家两种思维方向的标志性人物恰恰是成对出现的,到了周建国时,"制礼作乐"的周公和"时维鹰扬"的姜太公同登上历史舞台。周初秉持的治国理念是:"皇天无亲,惟德是辅;民心无常,惟惠之怀。"(《尚书·蔡仲之命》)逐渐走向最高层次的智慧。军事家姜尚留下的兵学文献——《六韬》,则从至高的层面回答了为谁而战、如何建军和如何用兵的终极追问,隐含着惠及百世的张力结构,延续着中国的文化基因,

---

[1] 吴如嵩,王显臣.李卫公问对校注[M].北京:中华书局,2016:5.
[2] 钟兆华.尉缭子校注[M].河南:中州书画社,1982:1.

积淀着中华民族最深沉的精神追求。

4.中国思想蜕化的删削时期

春秋后期,成对出现的思想家是孙子和孔子,一个是兵家的圣人,一个是儒家的圣人。一个成长在太公创建的齐国,一个授业于周公之胤的鲁邦,他们跨越时空与太公和周公遥相呼应。太公和周公立下了千秋的功业,孙子和孔子人生际遇却不够通达,"子曰:'沽之哉!沽之哉!我待沽者也。'"(《论语·子罕》)为了实现人生抱负,孙子选择远奔句吴,孔子则游走于列国之间。并且,孙子和孔子为佐证自己主张,都有可能做过整理加工古代文献的事情。据《史记·孔子世家》所载,孔子曾着手整理过上古时代流传下来的文化遗产:"孔子之时,周室微而礼乐废,《诗》《书》缺。追迹三代之礼,序《书传》,上纪唐、虞之际,下至秦缪,编次其事。曰:'夏礼吾能言之,杞不足征也。殷礼吾能言之,宋不足征也。足,则吾能征之矣。'观殷、夏所损益,曰:'后虽百世可知也,以一文一质。周监二代,郁郁乎文哉。吾从周。'故《书传》《礼记》自孔氏。"孔子对待上古文化遗产的态度,并非只是"述而不作,信而好古"(《论语·述而》)。《史记·孔子世家》载:"孔子晚而喜《易》,序《彖》《系》《象》《说卦》《文言》。读《易》,韦编三绝。曰:'假我数年,若是,我于《易》则彬彬矣。'"除了为《周易》作十翼之外,孔子还有删削古籍的可能。《史记·伯夷列传》记载:"夫学者载籍极博,犹考信于六艺。《诗》《书》虽缺,然虞夏之文可知也。"司马贞索隐按:"《孔子系家》称古诗三千余篇,孔子删三百〇五篇为《诗》,今亡五篇。又《书纬》称孔子求得黄帝玄孙帝魁之书,迄秦穆公,凡三千三百三十篇,乃删以一百篇为《尚书》,十八篇为《中候》。今百篇之内见亡四十二篇,是诗书又有缺亡者也。"《汉书·艺文志》引刘歆《七略》云:"易曰:'河出图,雒出书,圣人则之。'故书之所起远矣,至孔子纂焉,上断于尧,下讫于秦,凡百篇,而为之序,言其作意。秦燔书禁学,济南伏生独壁藏之。汉兴亡失,求得二十九篇,以教齐鲁之间。"春秋以降,诸子思想分途,各执一端,相互攻讦,造就百家争鸣的新气象。诸子们游走四方,用各种努力鼓吹自己的学说,并希冀社会赞同自己的意见。其中最重要的手法就是开出治世良方,争取沽之于时君,换来一场富贵。几乎比孔子早半个世纪,[1]兵家的标志性人物孙子也活跃在春秋后期,其不朽著作《孙子》在中国南方的吴国面世。当时的中国正处于"季

---

[1] 何炳棣.中国现存最早的私家著述:《孙子兵法》.历史研究,1999(5).

世"(《左传·昭公三年》),诸侯埋头于争霸的事业,已无暇顾及太公兵法中"为谁而战"和"如何建军"思想。如果思想家主张为民而战,客观上是对无道政权合理性的质疑。如果谈论如何建军,便需要全社会的配套变革,且不论短期难收明显效验,只是觊觎军事权柄的嫌疑,已让人望而却步。这样一来,只剩下用兵制胜之法,才能够迎合诸侯们的争霸心态。

5. 中国思想蜕化的蒙蔽时期

自秦朝统一起,中国社会步入专制皇权时代。国家为民心而立和军队为民心而战的思想被刻意蒙蔽。所谓"圣人之道,非以明民,将以愚之。鱼不可以脱于渊,国之利器不可以示人。"为了维护专制利益,每一王朝皆不惜蒙蔽,甚至践踏民心。

《史记·秦始皇本纪》载,秦始皇三十四年(前213),"丞相李斯曰:'臣请史官非秦记皆烧之,非博士官所职,天下敢有藏《诗》《书》、百家语者,悉烧之。所不去者,医药、占卜、种植之书。'帝曰:'可。'"秦始皇"收天下书不中用者尽去之",意在进一步排除不同的政治思想和见解,维护统一的集权政治。

竭力蒙蔽民心的做法,被历朝历代统治者惯用。读书人被误导至有意设置的迷宫中皓首穷经,多沦为"问以经济策,如坠云雾里"的腐儒。李零先生言指出:"过去的图书分类,甲乙部目之中,历史漏斗之下,有意识形态存焉,很多藏匿掩盖、窜改歪曲,以及后来居上、冠履倒置,在所难免。比如《汉书·艺文志》六类,'尊经抑子';《隋书·经籍志》四部,'尊学抑术',就是导向性的东西。这种结构一定,很多想法也就固定下来。其后果,是阅读趣味的偏废,大家只读一半书或只读一种书,'有学无术'(只读六艺、诸子、诗赋,不读兵书、数术、方技)或'不学无术'(只读经书,不读诸子、诗赋和其他书),无异焚书坑儒。"[①]这种筛选,不仅使得大量古书逐步淘汰,更令当时的学者阅读受限,使得后人对当时学者可能的阅读视野和知识结构的了解失去了依凭。儒者将六经视为圣人之道的载体,具备育人、传道、致治等多重效用,同时也利用儒经的观点对黄老之学等其他学派加以批评和排挤,如董仲舒对于独尊儒术、摒弃诸子的建议即是显例。董仲舒给汉武帝的上疏:"臣愚以为诸不在六艺之科,孔子之术者,皆绝其道,勿使并进,邪辟之说灭息,然后统纪可一,而法度可明,民知所从矣。"(《汉书·董仲舒传》)

---

① 李零.简帛古书与学术源流[M].上海:三联书店,2004:7.

"秦人焚书而书存,诸儒穷经而经亡。""自汉已来,书籍至于今日,百不存一二,非秦人亡之也,学者自亡之耳。"(郑樵《通志》卷七一《校雠略》载录《秦不绝儒学论》)经过删削、纷争、焚毁、蒙蔽、误导,时至东汉初期,立于学官的经今文学依然占据经典诠释的主流,掌握着经学解释的话语权。西汉末期所造成的经说弊端,如经说烦琐化、谶纬化的痼疾仍驱之不去。然公道自在人心,慧命赓续不绝,中国历史的脉搏无时不在强劲律动。当时秦皇燔书禁学之举,已引起民间的反弹。《史记·六国年表第三》载:"秦既得意,烧天下《诗》《书》,诸侯史记尤甚,为其有所刺讥也。《诗》《书》所以复见者,多藏人家,而史记独藏周室,以故灭。"藏于民间的《诗》《书》,一直在智者传承不断。"天道不可欺,民心不可违"的思想路线一如汹涌的潜流,始终不绝。

东汉思想家王充生在中国思想蜕化趋势加剧之际,他的《论衡》更像强劲的清风,吹向秦皇、李斯、董仲舒这些始作俑者结下的思想雾霾。胡适指出,王充的绝大贡献就在于"批评破坏"方面。"中国的思想若不经过这一番破坏的批评,决不能有汉末与魏晋的大解放。王充的哲学是中古思想的一大转机。他不但在破坏的方面打倒迷信的儒教,扫除西汉的乌烟瘴气,替东汉以后的思想打开一条大路,并且在建设的方面,提倡自然主义,恢复西汉初期的道家哲学,替后来魏、晋的自然派哲学打下一个伟大的新基础。"[1]

二、王充的人生际遇

(一)家世

《论衡·自纪篇》原文云:"王充者会稽上虞人也字仲任其先本魏郡元城一姓孙一几世尝从军有功。"黄晖《论衡校释》给出的句读是:"王充者,会稽上虞人也,字仲任。其先本魏郡元城一姓,孙一几世尝从军有功,封会稽阳亭。"刘盼遂《论衡集解》提出"孙"实为王充家族的另一姓,献疑道:"一人两姓,殆两京时有此风尚欤?"王充的先祖来自魏郡元城(今河北大名)。值得注意的是,王莽家族的聚居地望也在魏郡元城。关于王莽的家世,《汉书》本传载:"周武王封舜后妫满于陈,是为胡公,十

---

[1] 胡适.王充的论衡[M].黄晖.论衡校释(附编四)[M].北京:中华书局,2017:1484.

三世生完。完字敬仲,奔齐,齐桓公以为卿,姓田氏"。①《左传·昭公十九年》载:"秋,齐高发帅师伐莒,莒子奔纪鄣。使孙书伐之。"杜预注曰:"孙书,陈无宇之子子占也。"②《新唐书》又云孙书实因"伐莒有功,景公赐姓孙氏",③然不知何据。《汉书·王莽传》又载:"十一世,田和有齐国,二世称王,至王建为秦所灭。项羽起,封建孙安为济北王。至汉兴,安失国,齐人谓之'王家',因以为氏。文、景间,安孙遂字伯纪,处东平陵,生贺,字翁孺。为武帝绣衣御史……翁孺既免,而与东平陵终氏为怨,乃徙魏郡元城委粟里。"④如果《汉书》《新唐书》所记王莽家族出自孙氏无误,如果王充的先祖与王莽同宗,那么,《自纪篇》的正确句读应该是:"王充者,会稽上虞人也,字仲任。其先本魏郡元城,一姓孙,一(疑为衍字)几世尝从军有功,封会稽阳亭。"根据西汉制度:"其七大夫以上,皆令食邑。"⑤王充的先祖可能因军功达到"七大夫"以上的爵位,但依汉制,亭在县之下,大率十里一亭,"食亭"则仅为食邑的最低等级。

据《自纪篇》述及的家史可知,在西汉末年的动荡中,仅一年,王氏便失去封爵和食邑,只得在当地安家,以务农和养蚕为生业。王充的曾祖父王勇好意气用事,结果跟很多人都合不来。灾荒年头,因"拦路伤杀",结怨的仇人众多。又赶上兵荒马乱,怕被仇人擒拿,王充的祖父王汎领着全家肩挑车载家当,准备到会稽郡去安家,但中途在钱唐留了下来,以经商为业。王汎有两个儿子,长子叫王蒙,次子叫王诵,王诵就是王充的父亲。王家世代"任气",王蒙、王诵就更变本加厉,二人甚至在钱塘仗恃勇力欺凌别人。后来,又与土豪丁伯等人结下了怨仇,不得不举家搬迁到上虞。

(二)童蒙

汉光武帝建武三年(27),王充出生在上虞。在他小时候,不喜欢与同龄儿童随意嬉戏打闹。玩伴们喜欢捉鸟、捕蝉、戏钱、爬树,王充独独不肯参与其中,其父颇感惊奇。六岁时,王充开始识字读书,恭谨诚笃,外礼内敬,庄重沉静,俨然一派成

---

① 班固.汉书[M].北京:中华书局,1962:4013.
② 杨伯峻.春秋左传注[M].北京:中华书局,1981:1403.
③ 欧阳修等.新唐书[M].北京:中华书局,1975:2945.
④ 班固.汉书[M].北京:中华书局,1962:4013-4014.
⑤ 班固.汉书[M].北京:中华书局,1962:54.

大器的气象。父亲未曾笞罚,母亲未曾责备,乡邻未曾数让。王充八岁入书馆,汉代蒙学"书馆"教学分两级:一级以识字习字为主,一级程度稍高一些,可能以《孝经》《论语》为主要教材,是经学教育的入门阶段。馆中学童百人以上,皆因过失,袒露皮肉受责打,有的还因字迹丑陋被鞭打。唯有王充的书法日渐精进,行为也无过失。王充出色完成书法的学业,便开始了在乡间求学的第二阶段,进入经馆,在一位不知名的儒生指点下,接受《论语》《尚书》两经的学习。一天背诵千字,既通晓经书之意,又促进品德修养。随之辞谢经师,专注于学业的拓展。每执笔为文辄能引起众人啧啧称奇,所读的书文,也与日俱增。然王充才识虽高,但不好尚草率作述;辩才虽佳,但不喜欢与人对谈。如果所遇非人,则整日不言。他的论说乍一听给人出乎寻常之感,直到听完,众人纷纷称是。王充写文章亦如此,行事为人和奉事尊长亦复如此。

(三)出仕

王充成年后,在县里位至掾功曹,在都尉府的职位也是掾功曹,在太守府为列掾五官功曹行事,后入州里为从事史。王充历任职务不过都是地方官自行任命的属吏而已,诸如"掾功曹""从事"一类。按照汉代的惯例,任职地点大抵都在本地。

《自纪篇》云,王充的性情淡泊,不贪图富贵。当被上司了解,破格提拔的时候,不因官大而高兴;当不被上司了解,被降职罢官受压抑的时候,也不因职位低而怨恨。几次被任为县里的小吏,也没有挑选而不愿干。他不图在社会上出名,不为个人的利害去求见长官。经常说别人的长处,很少说别人的缺点。专爱推荐没有做官的读书人,给已经当了官的人开脱过错。自己认为不好的人,也不会去称赞他,人家有了过失,即使不为他开脱,也不会再去陷害他。能够原谅别人的大错,也惋惜别人细小的过失。喜欢隐蔽自己的才能,不好自我炫耀。尽力把修养操行作为做人的根本,而羞于靠才能来沽名钓誉。众人聚会坐在一起,不问到自己便不说话,被长官接见时,不问到自己就不作声。在朝廷做官时,就崇拜史子鱼的操行。受到污蔑中伤也不愿自我辩解,官位不升迁也不怀恨。穷得连蔽身的简陋住宅都没有,但心情比王公大人还要舒畅;卑贱得连斗石的俸禄都没有,而心情却与吃万钟俸禄的人差不多。做了官不格外高兴,丢了官也不特别悔恨。

(四)乡居

《后汉书》本传云:"仕郡为功曹,以数谏诤不合去。"

《自纪篇》云,社会上一般人的情性都是好向上爬而不愿向下降,专门巴结那些得势的而背弃那些失势的。当王充被提拔做官的时候,许多人像蚂蚁一样依附在他身边。当王充被免职,贫困家居的时候,连原来的朋友也背离而去。王充为了记述俗人的忘恩负义,所以在家闲居的时候写成了《讥俗》《节义》十二篇。希望俗人读到这本书以后能有所觉悟,因此文章的主旨很明显,并且掺杂了很通俗的语言。

有人指责他的文章浅薄。王充回答说:拿圣人的经典给小孩子看,把高雅的言论说给山野的人听,他们不会明白其中的内容,因此没有不被顶回来的。在乡里闲居时,仰慕蘧伯玉的气节;处在逸乐之中时不放纵自己的欲望;处在贫苦的时候也不降低自己的气节。爱广泛地阅读古书,喜欢听不同于流俗的言论。当时流行的书籍和世俗传说,有许多不妥当的地方,于是就深居简出,考查论证世书俗说的虚实真伪。

(五)游学

据《后汉书·王充传》载,王充曾有"后到京师,受业太学,师事扶风班彪"的经历。

汉代的教育系统分为官学和私学两大系列。官学主要包括设在京都的太学和教育皇亲贵族的宫廷学校,以及在地方上设立的官学,称郡国学校。汉代游学之风盛行,游学的目的,不外乎两种,一是拜访名师,以求学问道。一是拜访名士,获晋身之阶。前者为学,后者为政,但明师与名士基本上合而为一,所以更多的情况恐怕是二者兼而有之。《后汉书·王符传》也讲到当时的风气是"世务游宦,当途者更相荐引",游学结交确实是当时知识士人中一种风气。而游学京师,自是首选。《后汉书·儒林传赞》云:"自光武中年以后,干戈稍戢,专事经学,自是其风世笃焉。其服儒衣,称先王,游庠序,聚横塾者,布之于邦域矣。"

王充游学洛阳的时间可以参照有关班彪、班固父子的史料大致确定:《意林》卷四引《抱朴子》佚文云:"王仲任拊班固背曰,此儿必为天下知名。"班固又曾言自己是"弱冠而孤",师古注曰"固年二十也。"[1]班彪卒于建武三十年(54),班固应该生于

---

[1] 班固.汉书[M].北京:中华书局,1962:4213.

建武十年(34),比王充年幼七岁。《后汉书》本传注引曰:"班固年十三,王充见之,拊其背谓彪曰:此儿必记汉事。"王充在洛阳见到十三岁的班固时,已有二十岁。那么,王充游学洛阳的时间,不应晚于建武二十三年(47)。

王充在太学的学习形式以自学为主。《论衡·自然篇》云:"师无其说而弟子独言者,未之有也。"此言正好反映出经书理解之难,如果没有经师,经典传授几无可能。班彪在他的学习过程中起到指点作用。汉代经学家均有自己的章句,作为经学传授的讲义。其经说内容、方式及主要原则均包含在章句之中,在编纂成书之后,既可以面授"及门弟子",也可供私淑弟子传抄攻读。特别是在造纸术的发明后,书籍的制作提供很大便利,至东汉时已经出现了卖书市场。王充在京师期间,"好博览而不守章句。常游洛阳市肆,阅所卖书,一见辄能诵忆,遂博通众流百家之言。"①

(六)著述

王充一生著作,可考的书目,包括《讥俗》《节义》《政务》《六儒论》《备乏》《禁酒》《论衡》《养性》《自纪》等篇。《自纪篇》云:"充既疾俗情,作《讥俗》之书。又闵人君之政,徒欲治人,不得其宜,不晓其务,愁精苦思,不睹所趋,故作《政务》之书。又伤伪书俗文,多不实诚,故为《论衡》之书。"前后排序是《讥俗》《政务》《论衡》,其中《讥俗》《政务》的原书已经散佚。

《汉书》本传又云:王充在"仕郡为功曹"后,闲居在家,曾写成《讥俗》《节义》十二篇,开了著述的端绪。《自纪篇》云,章和二年(88),时年六十二岁的王充罢州家居,"历数冉冉,庚辛域际,虽惧终徂,愚犹沛沛,乃作《养性》之书凡十六篇。"

永平之初,王充集中著述,《论衡·讲瑞篇》云:"此论草于永平之初",时在公元58年前后。永平二年(59)三月,汉明帝刘庄临辟雍,初行大射礼。据袁山松《后汉书》曰:"充幼聪明,诣太学,观天子临辟雍,作《六儒论》。"(《后汉书·王充传》李贤注引)

《太平御览》卷六百二引《论衡》云:"《论衡》造于永平末,定于建初之年耳。"《会稽典录》云:"《论衡》造于永平末,定于建初之年。盖永平初已属草,时辍时作,至永平末,方专精一致也。"永平末,时在公元75年。《后汉书》王充本传载,"后归乡里,

---

① 范晔.后汉书[M].北京:中华书局,1965:1629.

屏居教授。""充好论说,始若诡异,终有理实。以为俗儒守文,多失其真,乃闭门潜思,绝庆吊之礼,户偏墙壁,各置刀笔,著《论衡》八十五篇,二十余万言。"

可见,《论衡》主体部分的完成,大致在公元58年到公元75年之间。

(七)致仕

元和三年(86),王充是年六十岁,再次出仕。《自纪篇》:"充以元和三年徙家辟诣扬州部丹阳、九江、庐江,后入为治中,材小任大,职在刺割,笔札之思,历年寝废。"《后汉书》本传载,王充被"刺史董勤辟为从事,转治中"。在东汉时,刺史的属吏有"从事史"和"假佐"两大类。从事史简称从事,官秩二百石,由刺史自行选派人员担任。在刺史官署中,设置下列各从事第一,治中从事,主管人事以及不属于刺史官署中其他部门所主管的事,这是王充一生中所任最高职务。从其所谓"笔札之思,历年寝废"的喟叹来看,王充这两年可能忙于俗务,无暇著述,故生感慨。章和二年(88),"罢州家居"。

王充回家以后,又有一次出仕为官的机会。据本传载:"友人同郡谢夷吾上书荐充才学,肃宗特诏公车征,病不行"[①]谢夷吾在向章帝推荐王充的奏章中,给了王充很高的评价:"充之天才,非学所加,虽前世孟轲、孙卿,近汉扬雄、刘向、司马迁,不能过也"。[②]王充因年老身病,没有应召,直到终老乡野。

三、王充思想的发生方式

秦汉以降,专制皇权为了奴役天下人,产生故意蒙蔽人心的需求。一些情愿匍匐在皇权之下的人,为谋取一场富贵,干起愚弄天下人的营生。中国早期达到的思想高度,诸如"天下非一人之天下,乃天下之天下也。"(《六韬·武韬·顺启》)这样一些本可以照亮中国历史前行之路的光辉思想,被有意忘却。到了东汉初期,繁杂琐碎的经说和荒诞无稽的谶纬横行在中国精神世界中。但总有清醒的头脑和干净的心灵,王充穷其一生,做出清算"虚妄"观念的努力。《自纪篇》云:"其论说始若诡于众,极听其终,众乃是之。"《后汉书》王充本传载:"充好论说,始若诡异,终有理实。

[①] 范晔.后汉书[M].北京:中华书局,1965:1630.
[②] 同上。

以为俗儒守文,多失其真,乃闭门潜思,绝庆吊之礼,户牖墙壁,各置刀笔,著《论衡》八十五篇,二十余万言。"寥寥数句话,却有助于复原王充在探求真理性认识的过程中,所循的不同寻常的思维路径。

其一,从诡异处入手,更易于激发灵感。王充为人有静气,其为文、论说、思考、操行皆不走寻常路径,正像选择偏远的登山之路,往往可以领略别人看不见的风景一样。"横看成岭侧成峰",仅是视角不同。"而世之奇伟、瑰怪,非常之观,常在于险远",方为视野独具。"而人之所罕至焉,故非有志者不能至也。"王充精神园地多为开辟生荒而来。其思维锋芒锐利,可以探入多维之境,回归原初,指向未来,故其思想成就卓荦奇异。今天看来,王充的人生之路与美国诗人罗伯特·弗罗斯特《树林里有两条小路》呈现的人生的意境极其相似:"黄色的树林里分出两条路,可惜我不能同时去涉足,我在那路口久久伫立,我向着一条路极目望去,直到它消失在丛林深处。但我却选了另外一条路,它荒草萋萋,十分幽寂,显得更诱人、更美丽。"其二,人的灵感时常稍纵即逝,如何捕捉?"得句旋题新竹上,寄书多向远山中"道出了个中的两层境界。王充实现了其中的前一境界:"户牖墙壁,各置刀笔",一有感想,即时录写。颇类盲人摸象,昨日思之,犹摸象之头;今日思之,犹摸象之腹;明日思之,犹摸象之尾;如此反复思之,一日得其一端,渐渐接近象之全貌。某种意义上说,思维是重要的实践活动。王充"闭门潜思",堪称思想领域的实践者,但他思想的探针异常锐利,质疑大于求善,破坏大于建构。其不足之处在于达不到"寄书多向远山中"深远境界。在孔子看来,思想的求真是一个"学而时习之"的过程。"学":博览群书,会通百家,尽可能的得前贤思想之实,尽可能的得亲眼所见之实,逮自身思想所及之实。"习":反复验证于实践,反复验证于内心,不断提升。"时":无时不止于至善,生命不止,精进不止。

王充的思想特征极其强烈地反映出他本人的性格气质、人生经历、时代背景和生活环境,要想把它们所产生的一切原动力全部揭示出来是不可能的。以下再将其部分特征进行进一步阐述:

一、王充在思想领域清算"虚妄"观念的行为,有何历史根源,是值得关注的问题。王充与王莽同出于魏郡元城王氏,《自纪篇》隐隐透露"一姓孙"的信息。回望历史,春秋战国时期的"田氏伐齐"两汉之际的"王莽篡汉"均出自具有相同遗传基因的"陈—田—孙—王"家族的手笔,这种挑战终极权威的勇气在不同的时代反复出现，令人品咂不已。王充不隐讳父祖辈任气好斗的秉性和勇势凌人的行径，固然与"汉时官不禁报怨"的世风有关，①但王充对崇军功、尚武力的家族传统绝无诋毁之意。王充以论衡之人自许，敢于辨照是非之理的勇气，又何尝不是得益于乃祖的遗泽。《须颂篇》云："《春秋》为汉制法，《论衡》为汉平说。"《佚文篇》云："《诗》三百，一言以蔽之，曰'思无邪'，《论衡》篇以十数，亦一言也，曰'疾虚妄'"通过探讨《论衡》各篇的思想，可以发现，多数篇章都是针对当时社会的种种不合理现象的批判。很早就有人注意到《论衡》中浓重的辩论意味。比如黄震的《黄氏日抄》五十七说"其初心发于怒愤，持论至于过激，失理之平"。乾隆皇帝也有"其识博而言辨"的评价。黄侃《汉唐学论》说王充"善破敌而无自立之能，陈列众言，加之评骘而已"等等。②从《论衡》各篇章之中也可以发现这一特点。从王充创作的宗旨"疾虚妄，求实诚"来看，《论衡》就应该是一部充满辩驳色彩的作品。九虚三增，《问孔篇》《刺孟篇》《非韩篇》等篇名也折射出这一创作精神。其他无论是说性命的，还是说天人关系的，或是谈及人鬼关系以及当时禁忌的文章，都可以让我们感受到王充那辩论的神气。在《论衡》各篇中，有着大量的"如实论之，虚妄言也"之类的反驳性话语。甚至于在作为自序的《自纪篇》中，王充还是没有停止与那些讥笑他的作品"形露易观"，"违诡龄俗"，"不能纯美"，嘲笑他"细族孤门"，"吐论数千万言，宜为妖变"的人进行争论。可以说，终王充一生，就是与不合理的社会思想和现象辩驳的一生，《论衡》就是他论辩人生的体现。

二、王充思想特征与个性倾向、师承关系、仕途经历有相辅相成的关系。民间流传着一句古老谚语："三岁看小七岁看老"。说的是一个人3岁时的心理倾向折射出青少年时期的个性特征，7岁时举止则预示着成年以后的功业。王充的人生童蒙阶段无疑是其性格养成的重要时期，不轻浮、不从众；有沉静之气、有巨人之志；言行无失、日求精进。或许早在"论衡之人"的少年时期，心中已端放好人生的"天平"。王充在乡间的学习相当优秀。《自纪篇》流露自矜的语气："经明德就，谢师而专门，援笔而众奇。""其论说始若诡于众，极听其终，众乃是之。以笔著文，亦如此焉；操行事上，亦如此焉。"《后汉书·王充王符仲长统列传第三十九》亦载："充好论说，始若诡异终有理实。"青年时期的他，便以别出心裁的文章、异乎流俗的言论

---

① 黄晖.论衡校释（附编四）[M].北京：中华书局，2017：1378.
② 蒋祖怡.王充卷[M].河南：中州书画社，1983：248-268.

和戛戛独造的思想闻名乡里。青少年阶段的学习，为王充独特思想的形成打下了坚实的基础。"日讽千字"使他在以后的写作中对儒家经典的引用得心应手。更为关键的是，王充并非死记硬背经典，他还调动自己所有的知识积累，从新的视角、更深的层面加以分析、领会所学的经文。众人之所以会对王充的观点感到惊奇，是因为王充经过自己的独立思考，对儒家经典进行了更为深入的理解，对经义有着与众不同的解释。

王充曾有过晋身太学深造，师事史家班彪的人生经历。王充尊称司马迁为"实事之人"，他被《史记》承载的"善序事理，辨而不华，质而不俚，其文直、其事核，不虚美，不隐恶"的中国史官精神深深感染。《正说篇》云："儒者说五经，多失其实。前儒不见本末，空生虚说。后儒信前师之言，随旧述故，滑习辞语，苟名一师之学，趋为师教授，及时蚤仕，汲汲竞进，不暇留精用心，考实根核。故虚说传而不绝，实事没而不见，五经并失其实。"王充强调"验古以今，知天以人"（《谴告篇》），即按照实事来对经典进行解说。经文与圣人之言，都是人所造作出来的，因而对于经典的理解，也应该按照"人心"而行，不宜无故生出一些虚妄的解释。王充对儒家经典的剖析，以及《问孔篇》《刺孟篇》中对圣贤的种种诘难，与"班马"史官家族倡导的秉笔直言、积极反思的史学精神息息相关。

作为一个出身底层、地处偏远但又勤奋好学的读书人，作为一个曾长期在偏远地方任职的低级吏员，作为一个特立独行、视野开阔的思想者，作为一个不囿于学派之争的史学精神的传承人，不同的身份，加之比较坎坷的经历，使得他对问题的见解和思考问题的视角，以及关注问题的范围，都超过同时代的人，尤其那些拘于师法、家法的经生和俗儒。

在从政经历中所耳闻目睹的种种不合理现象，以及仕途的坎坷所激发的他对"时命"以及现实社会问题的思索。王充的仕宦生涯，可以说为其命定论提供了实证和注脚。《论衡》中对于诸如儒生与文吏的紧张等方面的叙述，可以说无一不与王充的从政经历息息相关。《自纪篇》云"俗性贪进忽退，收成弃败。充升擢在位之时，众人蚁附废退穷居，旧故叛去。志俗人之寡恩，故闲居作《讥俗》《节义》十二篇，冀俗人观书而自觉，故直露其文，集以俗言。"世态炎凉，在王充在位时的优越感和退居后的失落感中表露无遗。《论衡》中用了相当大的篇幅来批判世俗，王充的从政历程不能不说是激发因素之一。

三、王充思想来源极为繁杂。《后汉书·王充王符仲长统列传第三十九》载：王充"好博览而不守章句。家贫无书，常游洛阳市肆，阅所卖书，一见辄能诵忆，遂博通众流百家之言。""博览""博通""一见辄能诵忆"都说明王充记忆最大限度地阅读了书籍，《论衡》书中隐含的引书目录，展现出他开阔的阅读视野。在王充知识体系的建构方面，存在多个来源，一是经书。王充突破经今古文学的壁垒，多角度的吸收了五经以及相关解经之传，因而经书方面的知识背景，构成王充知识视野的底色。二是史书。先秦之事，以《左传》《国策》为主要依据，两汉之事，以《太史公书》《续太史公书》为主，同时王充对于《越绝书》《吴越春秋》等也倍加注意。三是谶纬。虽然王充征引谶纬类文献，主要的目的是设立批判的靶子，然而也成为他的知识背景之一。四是诸子之书。涉及儒、墨、道、法、阴阳等诸家思想，而融汇了诸家思想的《吕氏春秋》《淮南书》等杂家著作，则对于王充影响最为广泛和全面，成为王充知识视野的直接来源。六是当时各种"世俗之议"和"传书之言"。基于《论衡》"为汉平说""疾虚妄"的著述追求，其主体思想与时代问题的必然关联，基本上是在批评形形色色的"虚妄之言"的基础上建构起来的。《论衡》引书所反映出来的数量的多少、品种的类别、文本的取舍、字句的订正，以及对经传的创作、经传的构成、经传的阅读、经传的质疑、经传的论释、经传的选取和淘汰、经传的传播和保存等问题的探讨，无疑映现了与之有关的思想趋向和知识结构，以及与之相关的时代政治、社会、学术思想诸问题。从思想史的视角审视，《论衡》展示出思想的多样性和丰富性。现代学科体系的历史学、文学、医学、心理学、天文学、地理学、教育学、美学和养生思想等均有不同程度的涉及。

王充对于经书，留存一份敬畏之心。遵循经典诠释的"章法"，不能无的放矢、无凭空说。因为在他看来，"言审莫过圣人，经义万世不易，犹或出溢，增过其实。增过其实，皆有事为，不妄乱误以少为多也。然而必论之者，方言经艺之增与传语异也。"(《艺增篇》)在王充看来，诠经是有章可循的，不仅文字、章句、篇目各有定所，而且这些定数背后都隐藏着圣人制定和附加的"章法"，虽然王充本人在诠经方面并不循规蹈矩、受制于定说和权威，但对于圣人的诸多规定，王充表现出基本的尊重和沿循，在《论衡》中，他处处以孔子及五经之语作为自己剖分判析事物的基本根据，因之建构有章可循、合乎规范的思想路向。

王充的批判精神及其历史影响

李维武 （武汉大学哲学学院）

摘　要：王充的批判精神与理性精神、求实精神结合在一起，贯穿于他的全部思想，集中表现在阐明天人关系、看待鬼神迷信、衡论儒家文化、评判现实社会四个方面，不仅涉及面广泛，显示出批判的气势和尖锐性，而且论说较深入，注重通过逻辑论证和事实检验来说明问题。正是这样，王充的批判精神对以后的中国文化发展产生了深远的影响。

关键词：王充　《论衡》　批判精神

王充思想的一个十分显著的特点，就是具有强烈的批判精神。王充自己曾说过："《诗》三百，一言以蔽之，曰：思无邪。《论衡》篇以十数，亦一言也，曰：疾虚妄。"（《论衡·佚文》）"疾虚妄"三个字，把王充的批判精神鲜明而生动地凸显出来，并标示出这种批判精神又是同理性精神、求实精神结合在一起的，是一种理性的求实的批判精神。诚如王充所说，这三个字集中体现了《论衡》的精髓，贯穿于《论衡》的全部思想。在王充的思想中，不论是阐明天人关系、看待鬼神迷信，还是衡论儒家文化、评判现实社会，其间都贯穿着"疾虚妄"的批判精神。

一、王充阐明天人关系的批判精神

天人关系问题，是汉代思想世界的中心问题。这不仅是一个形而上的哲学问题,而且是一个重大的现实政治问题。自董仲舒倡导天人感应论起,有汉一代天人关系问题的论说就被神秘主义所笼罩。天人感应论的着重点、兴奋点,在于强调"天"的意志性、目的性和神秘性,使"天"成为人格神式的主宰者,认为人世间的政治好坏、社会治乱,都会引起"天"的反应。"天"以祥瑞之物或灾异之象来显示自己的意志和情感,表达自己对人世间政治的赞成或反对的态度,而人世间的统治者即据此来反观自己的行政得失,预见自己的政权成败,明了自己应该做的事情和不应该做的事情。如果统治者能实现天下大治,国泰民安,"天"就会降下祥瑞之物以示肯定;相反,如果统治者昏庸残暴,国乱民困,"天"就会降下灾异之象以示警告。这就形成了天人感应的符瑞说和谴告说。董仲舒倡导天人感应论的出发点,本是为了利用神秘主义之"天"的巨大力量,来制约拥有无限权力的大一统封建国家君主;但随着天人感应的符瑞说和谴告说的盛行,又势必导致神秘主义弥漫于汉代思想世界,严重地压抑了理性精神和求实精神。

通观《论衡》全书,王充的哲学思考也是以天人关系问题为中心而展开的;只是他与董仲舒不同,在于以鲜明的理性精神和求实精神,冲破天人感应神秘主义的笼罩,对天人关系问题做出新的理解和说明。

针对天人感应论,王充着重对"天"的存在形态和存在性质,重新作了唯物主义和自然主义的说明。对于"天"的存在形态,他认为:"天,体,非气也。"(《论衡·谈天》)"夫天,体也,与地无异。"(《论衡·变虚》)这是说,"天"与"地"一样,都是由物质性的"气"构成的本原性存在。对于"天"的存在性质,他认为:"夫天道,自然也,无为。"(《论衡·谴告》)"天动不欲以生物,而物自生,此则自然也;施气不欲为物,而物自为,此则无为也。"(《论衡·自然》)这是说,"天"的运动不是有意识地创生万物,而是万物于其中自己发生,这就是所谓"自然";"气"的施放不是有目的地扶植万物,而是万物于其中自己成长,这就是所谓"无为"。"天"的"自然无为"的存在性质,正是在"天"的施"气"生"物"的运动中表现出来的。这也就是"天"自身的运动规律,即所谓"天道"。总之,通过对"天"的存在形态和存在性质的说明,王充使已被高度神秘化了的"天"得到了一种理性的澄清和清醒的说明。

从这种对"天"的理性的澄清和清醒的说明出发,王充对天人关系做出了新的理解,使之从天人感应神秘主义的笼罩中解放出来。这种重新理解的天人关系的内核和实质,可以用他的一句话来概括:"夫人不能以行感天,天亦不随行而应人。"

(《论衡·明雩》)正是这样,王充对天人感应神秘主义作了理性主义的解构,特别是对盛行于汉代的符瑞说和谴告说进行了尖锐批判,否定"天"能针对人世间的政治好坏、社会治乱,有意识、有目的地降下祥瑞之物或灾异之象,以示人世间的统治者如何行政、如何治国、如何做事。

　　王充对"天"与祥瑞之物的联系进行了辨析。他指出,那种认为"天"能有意识、有目的地降下祥瑞之物的说法,是与"天"的存在性质不相符合的。"天"的存在性质是"自然无为",而符瑞说却认为"天"能针对人事特意降下祥瑞之物,这就根本有违于"自然无为"了。他据此提出质疑说:"如天瑞为故,自然焉在?无为何居?"(《论衡·自然》)王充进一步指出,人们所说的这些祥瑞之物,诸如嘉禾、醴泉、甘露、凤凰、麒麟之类,实际上并非"天"之"故降",而是"和气"之"自生"。他说:"瑞物皆起和气而生,生于常类之中,而有诡异之性,则为瑞矣。"(《论衡·讲瑞》)因此,祥瑞之物说到底也只是一种自然现象,是自然而然发生的,根本就没有代表"天"来向人世间统治者示意的特殊作用。不仅如此,王充还对祥瑞之物与盛世、圣人的关系进行了分析,认为这三者之间并无必然的联系。他说:"物生为瑞,人生为圣,同时俱然,时其长大,相逢遇矣。……圣人圣物,生于盛、衰世。圣王遭见圣物,犹吉命之人逢吉祥之类也,其实相遇,非相为出也。"(《论衡·指瑞》)

　　王充指出,谴告说与符瑞说一样,也同样违背了"天"的"自然无为"的存在性质。他说:"如谴告人,是有为,非自然也。"(《论衡·谴告》)因此,"天"既不能针对人世间好的统治者有意降下祥瑞之物,也同样不能针对人世间坏的统治者有意降下灾异之象。他反问道:"天能谴告人君,则亦能故命圣君,择才若尧、舜,受以王命,委以王事,勿复与知。今则不然,生庸庸之君,失道废德,随谴告之,何天不惮劳也?"(《论衡·自然》)可见"天"并不能过问人世间的政治好坏、社会治乱。王充进而指出,所谓灾异之象的出现,实际上是"阴阳不和"的结果,并不是"天"不满意人世间坏的统治者而降下的警告。在他看来,人们应当把灾异之象作为一种自然现象来看待,而不应当把灾异之象神秘化。他说:"夫国之有灾异也,犹家人之有变怪也。有灾异,谓天谴人君;有变怪,天复谴告家人乎?"(《论衡·谴告》)由此出发,王充对于那些被世人普遍认为是表示"天意"的灾异之象,如雷电死人、洪水大旱、天雨降谷等,都以理性精神和求实精神做了着重探讨和认真清算,以破除弥漫其间的天人感应神秘主义。

王充在揭露谴告说的虚妄性的同时，还对谴告说的产生原因进行了分析。在他看来，谴告说虽属虚妄之言，但其产生却有着多方面的原因。从认识根源的角度看，说"天"有喜怒能赏罚，实际上是人类按照自己的模样与情感，对"天"所作的塑造。他说："人有喜怒，故谓天喜怒。推人以知天，知天本于人。如人不怒，则亦无缘谓天怒也。"（《论衡·雷虚》）从社会根源的角度看，当社会危机加深、道德法制失效时，统治者便不得不靠制造"天"的谴告来维系统治的稳定，这就使得谴告说极大地泛滥起来。他说："末世衰微，上下相非，灾异时至，则造谴告之言矣。"（《论衡·自然》）又说："夫相谴告，道薄之验也。"（《论衡·自然》）王充还指出："谴告不改，举兵相灭。"（《论衡·自然》）断言一旦谴告也失去维系统治的作用，那就势必导致社会矛盾激化，造成天下大乱，人们在这时只有选择以暴力和战争来解决问题。这是他对新莽王朝覆亡历史教训的总结，也是他对东汉王朝迷信谴告前景的预言。王充的这些见解，无疑是相当深刻、相当精彩的，确是相当准确地揭示出谴告说产生的认识根源和社会根源。

　　总之，王充以其批判精神，对盛行于汉代的符瑞说和谴告说进行了尖锐批判，对天人感应神秘主义作了理性主义的解构，从而对天人关系这一汉代思想世界的中心问题做出了自己的回答。由此而进，王充又对鬼神迷信、儒家文化、现实社会进行了批判。

二、王充看待鬼神迷信的批判精神

　　在汉代，与天人感应论相伴随的，还有一个由鬼神观念、卜筮活动、岁时禁忌所构成的鬼神迷信世界。如果说天人感应论主要是作为哲学理论和官方意识形态影响于上层社会的话，那么鬼神迷信则是民间和官方共有的精神生活。而鬼神迷信由来久远，早在先秦时代就不仅在人民大众中广泛流传，而且在文献典籍中亦多有载录。如《墨子》书中就有《明鬼》三篇，提出："今若使天下之人借若信鬼神之能赏贤而暴罚也，则夫天下岂乱哉？"（《墨子·明鬼下》）即使是孔子，也对鬼神采取存而不论的态度，主张"敬鬼神而远之"（《论语·雍也》），并没有断然否定鬼神的存在。可以说，鬼神迷信早已积淀为华夏民族的文化心理的一部分。到了汉代，天人感应神秘主义的甚嚣尘上，更促使鬼神迷信大肆泛滥。正是这样，以理性精神和求实精神批判鬼神迷信,成为王充"疾虚妄"的重要内容。

对于鬼神的存在,王充持否定的态度。他首先从厘清名词概念的内涵入手,批判鬼神观念。他说,"鬼神"一词实际上有两种内涵。一种内涵是:"鬼神,荒忽不见之名也。人死精神升天,骸骨归土,故谓之鬼神①。鬼者,归也;神者,荒忽无形者也。"(《论衡·论死》)在这个意义上,"鬼神"是指人死之后原来构成人的形体的精气消散,回复到"荒忽无形"的本原状态。精气的这种本原状态,由于是"荒忽无形"的,因此人们看不见、摸不着、很难把握,势必产生神秘感。另一种内涵是:"鬼神,阴阳之名也。阴气逆物而归,故谓之鬼。阳气导物而生,故谓之神。神者,伸也,申复无己,终而复始。人用神气生,其气复归神气。"(《论衡·论死》)在这个意义上,"鬼神"是指阴阳二气及其功能。阴气阻止万物生长而使其形体坏死归于地,所以称之为"鬼";阳气促成万物生长而使其富有生命力,所以称之为"神"。人的存在靠阳气即"神气"获得生命,人死之后阳气即"神气"又回归自然。这样一来,"鬼神"一词就有了两种不同的含义:"阴阳称鬼神,人死亦称鬼神"(《论衡·论死》)。在这种情况下,人们很容易把人死之为"鬼神"与阴阳二气之为"鬼神"混同起来,用后者的聚散来理解前者的生死,从而产生了人死神存、化为鬼神之说。王充进而从元气论出发,说明了"死人不为鬼,无知,不能害人"(《论衡·论死》)。他指出:"人之所以聪明智慧者,以含五常之气也;五常之气所以在人者,以五藏在形中也。五藏不伤则人智慧,五藏有病则人荒忽,荒忽则愚痴矣。人死五藏腐朽,腐朽则五常无所托矣,所用藏智者已败矣,所用为智者已去矣。形须气而成,气须形而知。天下无独燃之火,世间安得有无体独知之精?"(《论衡·论死》)在他看来,人死之后,由于其形体不可能长久保存,其精神也不可能继续存在,死人为鬼说是根本不能成立的。这就明确地提出了无鬼论。

卜筮活动实是与鬼神观念相联系的,起源于古代人类对鬼神和上天的神秘感。古代人类希望通过鬼神和上苍的帮助,来对自己行为的后果进行预测,从而指导自己对未来行为的选择。卜筮在汉代甚为流行,即使像严君平这样有学问的人,也每天在成都街头摆地摊算卦。针对当时人们盛行的对卜筮的迷信,王充进行了尖锐的批判,认为用卜筮来乞灵天地、预测吉凶,实在是不可能的事情。他说:"俗

---

① 原文无"神"字,据北京大学历史系《论衡注释》(中华书局1979年版)补。

信卜筮,谓卜者问天,筮者问地,蓍神龟灵,兆数报应,故舍人议而就卜筮,违可否而信吉凶,其意谓天地审告报,蓍龟真神灵也。如实论之,卜筮不问天地,蓍龟未必神灵。有神灵,问天地,俗儒所言也。"(《论衡·卜筮》)这是说,按照世俗的说法,卜筮是通过蓍草的数与龟甲的兆来了解天地的意志,从而预测人的行为的吉凶。这导致了许多人不听取人的意见而迷信卜筮的预言,不顾实际情况是否可行而按卜筮预示的吉凶办事。但事实上,卜筮并不了解天地的判断,蓍龟也不那么灵验。相信蓍龟的神灵,通过它们问疑天地,只是俗儒之见。王充还对蓍草与龟甲的作用进行了分析,指出蓍草与龟甲的作用并不在于能了解天地的意志。他举例说:子路曾问孔子,既然灼猪羊的肩胛骨同样可以得到兆,用芦苇之类的草同样可以得到数,那么为何一定要用蓍草和龟甲进行卜筮呢?孔子回答道,这不是因为蓍龟灵验,而是用其名称罢了。王充据此得出结论:"蓍不神,龟不灵,盖取其名,未必有实也。无其实,则知其无神灵;无神灵,则知不问天地也。"(《论衡·卜筮》)用蓍龟进行卜筮本意只是强调有疑问的时候须向有经验、有阅历的长者请教,并不是因为蓍龟真能与天地相交流,从天地那里得到有关人事的指示。王充还指出,天地是生生不息的,而蓍龟是僵死之物,就像死人问活人得不到回答一样,用死的蓍龟问生的天地也不可能得到答复。他感叹地说:"枯龟之骨,死蓍之茎,问生之天地,世人谓之天地报应,误矣!"(《论衡·卜筮》)

岁时禁忌亦是与鬼神观念相联系的迷信观念。有汉一代,在天人感应神秘主义的笼罩下,岁时禁忌与鬼神迷信相结合相当流行。据王充所说,当时"宅家言治宅犯凶神,移徙言忌岁月,祭祀言触血忌,丧葬言犯刚柔,皆有鬼神凶恶之禁。人不忌避,有病死之祸"(《论衡·四讳》)。对于这些令人生畏的禁忌,都有专门的文字记载,要求人们严格遵循、不得违反。如下葬有《葬历》,祭祀有《祭祀之历》,洗头有《沐书》,制衣有《裁衣书》,建房有《工伎之书》,明确规定了这些活动必须选择的吉日和不当选择的凶日。而影响所致,时风所及,许多博学之士、读书之人也跟着讲禁忌。王充对这一迷信现象十分痛恨,决心做反对禁忌迷信的启蒙者,使沉浸于岁时禁忌中的世人醒悟过来。他坚定地表示:"俗人险心,好信禁忌,知者亦疑,莫能实定。是以儒雅服从,工伎得胜。吉凶之书,伐经典之义;工伎之说,凌儒雅之论。今略实论,令亲览,总核是非,使世一悟。"(《论衡·难岁》)他明确指出,世上流行的这些禁忌迷信,看似有理有据,其实都属于不实之论、虚妄之言。王充从他的自然观出发,指出人的生命存在的物质基础与人之外的其他生物并无不同,既然人之外的万物的生存都无禁忌,那么人的生存也当无禁忌。他说:"夫倮虫三百六十,人为之长。人,物也,万物之中有智慧者也。其受命于天,禀气于元,与物无异。鸟有巢栖,兽有窟穴,虫鱼介鳞,各有区处,犹人之有室宅楼台也。……人有死生,物亦有终始。人有起居,物亦有动作。血脉、首足、耳目、鼻口与人不别,惟好恶与人不同,故人不能晓其音,不见其指耳。及其游于党类,接于同品,其如去就,与人无异。共天同地,并仰日月,而鬼神之祸独加于人,不加于物,未晓其故也。天地之性,人为贵,岂天祸为贵者作,不为贱者设哉?何其性类同而祸患别也?"(《论衡·辨祟》)在他看来,人与动物一样,都是禀元气而生成的,在物质基础上并无不同,也是一种动物,只不过是有"智慧"的动物罢了。人与动物共同生存于天地之间,一起仰受日月的光明,为何鬼神将祸害只降于人而不降于其他动物呢?人在动物中因有"智慧"可以说是最为宝贵的,为何上天的灾祸只针对贵者而不针对贱者呢?人与动物既然"性类同",为何又"祸患别"呢?可见,说人的活动有各种禁忌,是不能成立的。

值得重视的是,王充没有简单地把鬼神观念归于胡想胡说,而是认真地对鬼神观念的产生原因进行了探讨。他从认识根源和社会根源两个方面,论述了有鬼论产生的原因。从认识根源看,他认为所谓鬼的存在,只是人的主观意识的产物;而人的主观意识之所以会产生鬼的观念,是由于人的生病所引起的恐惧和幻觉所致。比如,人在病中会因病情严重产生恐惧感,有恐惧感就会产生鬼的幻觉,仿佛真看见鬼的出现。因此,所谓鬼,其实只是人的心情混乱和视觉错误的产物,不是确确实实存在的东西。他又通过对人的睡眠、患病和疯狂时的精神状态的比较,进一步论证了鬼是人在生病时主观意识的幻觉,指出:"卧、病及狂,三者皆精衰倦,目光反照,故皆独见人物之象焉。"(《论衡·订鬼》)在他看来,睡眠的人、生病的人和精神病人,三者都容易由于精力衰倦、目光反照、看到人与物的虚像,进而产生出鬼的观念。从社会根源看,他认为鬼神观念的盛行实与政治混乱、社会动乱、世道衰微相关联。他由此提出了一个重要观点:"衰世好信鬼"(《论衡·解除》)。例如,"周之季世,信鬼修祀,以求福助"(《论衡·解除》),西周末期的统治者就曾指望依靠鬼神的帮助来维持风雨飘摇的统治,但这并不能挽回败灭的命运。这就把对鬼神观念的批判引向了深刻,由观念的批判深入到政治的批判。

王充对于鬼神迷信世界的这些批判,既有强烈的战斗性,又有较系统的理论性,充分显示了他的与理性精神、求实精神相结合的批判精神,在理论上远远地超过了前辈思想家在这方面所做的工作。可以说,这是自先秦以来中国古代思想家对鬼神观念的一次总体性的清算,达到了时代所允许的最高水平。当然,由于时代条件的限制,王充像所有的古代思想家一样,并不可能最终解决鬼神问题。对于鬼神迷信的长期存在、广泛流行,王充也深感不是凭借猛烈的批判就能解构的。他说:"天道难知,鬼神暗昧,故具载列,令世察之也。"(《论衡·订鬼》)在他看来,只有通过不断的研究和探讨,引导人们逐渐地加以观察和辨析,才能使鬼神问题由暗昧难知而明白晓知。

三、王充衡论儒家文化的批判精神

儒学经过董仲舒等汉代新儒家学者的改造,又经过汉武帝的"罢黜百家,独尊儒术",终于成为汉代官方意识形态,在学术界、思想界占据了统治地位。正像任何思想体系一样,儒学的独尊地位不可避免地带来了儒家文化的神圣化;而董仲舒所倡导的天人感应论,更使儒家文化陷入了神秘化。这种儒家文化的神圣化和神秘化,可以合而称为儒家文化的神化,无疑造成虚妄的丛生,也势必激起王充的"疾虚妄"。

王充对儒家文化的批判,有一个最鲜明的特点,这就是没有以避重就轻的方式,仅仅针对"小儒""俗儒""世儒",而是以堂堂之阵、正正之旗,明确地直指大儒孔子和孟子。在《论衡》中,有《问孔》《刺孟》两篇,直接指陈《论语》《孟子》的问题和不足。如此旗帜鲜明,如此锋芒毕露,在儒学已经成为官方意识形态的东汉时代,确是大胆之举,成为王充的批判精神的一大闪光亮点。

为何要"问孔""刺孟"呢?王充把其中的道理说得很清楚:"世儒学者,好信师而是古,以为贤圣所言皆无非,专精讲习,不知难问。夫贤圣下笔造文,用意详审,尚未可谓尽得实,况仓卒吐言,安能皆是?不能皆是,时人不知难;或是,而意沉难见,时人不知问。案贤圣之言,上下多相违;其文,前后多相伐者。世之学者,不能知也。"(《论衡·问孔》)他指出,当今儒者的通病,是"好信师而是古,以为贤圣所言皆无非",因而一味迷信圣贤之书,不知道发现并指出其中的问题。圣贤之书,即使出自圣贤手笔,十分用心,也不免有未尽其实之处,更何况那些由弟子们临时记录的言论了,当然不能句句是真理。然而,当时之人对那些不正确的地方不懂得加以诘难,对那些意思不清楚的地方也不懂得加以追问。这使得圣贤的言论与文章前后多自相矛盾处。对于这些,当今儒者却全然不知,因而对圣贤所言陷入迷信之中,把圣贤之书、圣贤之言神圣化。王充著《问孔》《刺孟》两篇,其本意就是要反对把圣贤之书、圣贤之言神圣化,打破"世儒"对圣贤之书、圣贤之言的迷信。

正是这样,在《问孔》《刺孟》中,王充固然直接指陈了《论语》《孟子》的问题和不足,但更重要的是阐明了对孔子、孟子这样的大圣贤进行诘难和提问的合理性。王充认为,从"学问之法"看,这种诘难和提问是完全有益于做学问的,因而也是合理的。他说:"凡学问之法,不为无才,难于距师,核道实义,证定是非也。问难之道,非必对圣人及生时也。世之解说说人者,非必须圣人教告乃敢言也。苟有不晓解之问,追难孔子,何伤于义?诚有传圣业之知,伐孔子之说,何逆于理?"(《论衡·问孔》)在他看来,做学问的关键,不在于有没有才能,而在于能不能"距师",并由此而"核道实义,证定是非"。所谓"距师",就是学生与老师之间在学问上保持必要的张力,学生对老师的学问也持批评的态度,而不是盲目地相信老师所说的和所写的都是真理。只有"距师",才能对老师所说的和所写的加以"核""实""证",看其是否合理、是否正确、是否有根据。这种对于圣贤的问难,不一定要在圣贤生前当面提出。因此,解说儒家典籍的儒生们,不必非要说圣贤说过的话。如果有不理解的问题,追问诘难孔子,对于义理有何损害呢?确实具有传授圣贤思想的才智,批评孔子的言论,对于义理又有何违背呢?

为此,王充举了《论语》中的子游问难孔子的例子来作为证据。《论语·阳货》记载:当孔子的弟子子游(言偃)在武城做地方官时,孔子前往该地,听到弦歌之声,就嘲笑说:"割鸡焉用牛刀?"子游则反驳道:"昔者偃也闻诸夫子曰:'君子学道则爱人,小人学道则易使也。'"子游的意思是:以弦歌之声移风易俗、治理社会,正是老师原来提倡的,怎么现在又遭到老师的嘲笑呢?孔子无言以对,只好说:"二三子!偃之言是也,前言戏之耳。"算是以自我解嘲的形式收了场。王充认为:"自今案《论语》之文,孔子之言多若笑弦歌之辞,弟子寡若子游之难,故孔子之言遂结不解。以七十子不能难,世之儒生不能实道是非也。"(《论衡·问孔》)正是这一"多"一"寡",使得孔子之言一直难于理解。既然当年的七十贤人都不懂得问难,那么当今的儒者就更无法来分辨是非了。由此可见,对孔子、孟子这些先师也采取"距师"的态度,历史上已有先例可循,在现实中也应当是必要而且合理的。

王充由"问孔""刺孟"出发,进一步批判对儒家圣王及其盛世的神秘化。儒家在历史观上总是以尧、舜、禹为圣王,以上古三代为盛世,并编织出种种神话来赞美之、歌颂之、神化之。王充则与之针锋相对,一一揭露之、批判之、还原之。例如,"儒书称尧、舜之德,至优至大,天下太平,一人不刑;又言文、武之隆,遗在成、康,刑错不用四十余年"(《论衡·儒增》)。王充认为,这种说法的本意,"是欲称尧、舜,褒文、武也",但言过其实,成为神话。他说:"尧、舜虽优,不能使一人不刑;文、武虽盛,不能使刑不用。言其犯刑者少,用刑希疏,可也;言其一人不刑,刑错不用,增之也。"(《论衡·儒增》)从历史上看,这些圣王在治平天下时都曾诉诸武力:"尧伐丹水,舜征有苗,四子服罪,刑兵设用。"(《论衡·儒增》)然而,"刑与兵,犹足与翼也。走用足,飞用翼,形体虽异,其行身同。刑之与兵,全众禁邪,其实一也。称兵之用,言刑之不施,是犹人耳缺目完,以目完称人体全,不可从也。"(《论衡·儒增》)历史上的圣王既然诉诸武力,那么也就少不了诉诸刑错。因此,"一人不刑""刑错不用"并不能成为圣王与盛世的标志,"未得为优,未可谓盛也"(《论衡·儒增》)。

王充还认为,儒家圣王固不可神化,儒家文献也不可迷信。他除了在《问孔》《刺孟》中指陈《论语》《孟子》的错误外,又在《正说》《书解》诸篇中揭露儒家文献的失实。他指出,人们往往相信书上所写的东西,以为"载于竹帛上者,皆贤圣所传,无不然之事,故信而是之,讽而读之"(《论衡·书虚》),而不懂得其间有不少夸大之语和虚妄之言。这也就造成了对于儒家文献的迷信之风。因此,对于儒家文献,包括对于儒家经典,他主张以批判的眼光进行认真的审读,将其中的夸大、虚妄之处揭露出来,以破除对儒家文献的迷信之风。王充把这些夸大之语称为"增",把这些虚妄之言称为"虚",认为这两者的特点都在于不实,应当加以批判。《论衡》中有《语增》《儒增》《艺增》三篇,合称"三增",有《书虚》《变虚》《异虚》《感虚》《福虚》《祸虚》《龙虚》《雷虚》《道虚》九篇,合称"九虚",就是批评这些夸大之语和虚妄之言的。王充说:"古有虚美,诚心然之,信久远之伪,忽近今之实,斯盖'三增''九虚'所以成也。"(《论衡·须颂》)如对于儒家传世的《五经》,王充认为其中就有不少夸大不实之处,决非句句真理、字字正确。他指出:"经增非一,略举较著,令恍惑之人,观览采择,得心开心通意,晓解觉悟。"(《论衡·艺增》)这就明确地提出,对于儒家经典中的夸大不实之处,应当举其明显的例子,昭于受惑的人们,让人们从对儒家经典的盲目信从中清醒觉悟起来。王充还指出,《五经》在其流布过程中,由于前代儒者的凭空编造和后世儒者的迷信教条,带来了更多的错误。他说:"儒者说《五经》,多失其实。前儒不见本末,空生虚说。后儒信前师之言,随旧述故,滑习辞语。苟名一师之学,趋为师教授,及时蚤仕,汲汲竞进,不暇留精用心,考实根核。故虚说传而不绝,实事没而不见,五经并失其实。"(《论衡·正说》)因此,他主张以一种历史的批判的态度对待《五经》,不仅要看到《五经》自身的不失之处,而且还要看到《五经》传习中的失实之处。

除了对儒家经典提出批评外,王充对当时流行的"儒书"也进行了批判,指陈其中的各种虚妄不实之处。如对于"儒书言:董仲舒读《春秋》,专精一思,志不在他,三年不窥园"(《论衡·儒增》),王充就提出了不同看法,认为:"夫言不窥园菜,实也;言三年,增之也。"(《论衡·儒增》)这是说,即使董仲舒专心一意读书,也会有休息之时,在门庭旁边走走;既然能在门庭旁边走走,那当然也会向菜园里看看。更何况"人之筋骨非木非石,不能不解。故张而不弛,文王不为;弛而不张,文王不行;一弛一张,文王以为常。圣人材优,尚有弛张之时,仲舒材力劣于圣,安能用精三年不休?"(《论衡·儒增》)

王充对儒家文献的这些批判,与他的"问孔""刺孟"一起,有力地冲击了在"罢黜百家,独尊儒术"官方意识形态霸权下所形成的经学教条主义。他进而对那些被经学教条主义所束缚的儒生们提出了尖锐批判,认为"儒生"固然能"说一经","修大道",在这方面长于"文吏",但往往拘守经书,信守师法,不通古今,教条味太浓太重。他说:"夫儒生之业,《五经》也。南面为师,且夕讲授,章句滑习,义理究备,于《五经》,可也。《五经》之后,秦汉之事,无不能知者,短也。夫知古不知今,谓之陆沉。然则儒生,所谓陆沉者也。《五经》之前,至于天地始开,帝王初立者,主名为谁,儒生又不知也。夫知今不知古,谓之盲瞽。《五经》比于上古,犹为今也。徒能说经,不晓上古,然则儒生,所谓盲瞽者也。"(《论衡·谢短》)又说:"诸生能传百万言,不能览古今,守信师法,虽辞说多,终不为博。殷、周以前,颇载《六经》,儒生所不能说也。秦、汉之事,儒生不见,力劣不能览也。周监于二代,汉监周、秦。周、秦以来,儒生不知;汉欲观览,儒生无力。"(《论衡·效力》)这实在是对那些信守师法、皓首穷经的教条主义者的淋漓痛快的批判。

王充对儒家文化的这些批判,所针对的是儒家文化的神圣化和神秘化,所要打破的是这些对儒家文化的神化,而不是要放弃儒家学说,更谈不上是反对儒家文化。这种批判是儒学发展中的自我批判。也就是说,王充希望通过自己的批判,使儒学的开展脱离神化的歧途,回到理性和求实的正轨上来。

四、王充评判现实社会的批判精神

王充的批判精神,不仅体现在对天人关系、鬼神迷信、儒家文化的批判上,而且体现在对现实社会的批判上。同对天人关系、鬼神迷信、儒家文化的批判相比,他对现实社会的批判更贴近现实政治,更具有敏感性,也更具有战斗性。

这种对现实社会的批判,更多地融入了王充对自己生命存在的深刻体验。"充孤门细族。"王充在《论衡·自纪》中所写下的这五个字,可以说概括和表达了他对于自己生命存在的一种真切感受。东汉之时,世家豪族的势力已占主导地位,对寒门庶族的生存构成了严重的威胁。王充从自己的家世和自己的经历中,深深感受到这种威胁的严峻性,进而以自己的笔去抗议门阀制度的不公。这使得对门阀制度的批判,成为他对现实社会批判的一个重要内容。

王充认为,门阀制度对寒门庶族所造成的最大威胁,莫过于世家豪族开始垄断察举制度,使得贫寒正直之士难以通过察举之门进入从政之途。他指出:"儒生无阀阅,所能不能任剧,故陋于选举,佚于朝廷。"(《论衡·程材》)又说:"长巨之物,强力之人乃能举之;重任之车,强力之牛乃能挽之。……文儒怀先王之道,含百家之言,其难推引,非徒任车之重也。荐致之者,罢羸无力,遂却退窜于岩穴矣。"(《论衡·效力》)在他看来,读书人通过察举入仕这条路,并不是对所有的人都是平等的,如无门阀的背景、有力的推荐者,那根本就难以走得通。因而察举入仕与贫寒正直之士无缘,特别是有学问、怀大道的"文儒"更是如此。王充进而对察举制度的作用表示了怀疑和否定,指出:"以朝廷选举皆归善为贤乎?则夫著见而人所知者举多,幽隐人所不识者荐少,……选举多少,未可以知实。或德高而举之少,或才下而荐之多。……且广交多徒,求索众心者,人爱而称之;清直不容乡党,志洁不交非徒,失众心者,人憎而毁之。故名多生于知谢,毁多失于众意。"(《论衡·定贤》)这是说,选举本身就存在一大困难,即被举荐者需要一定的知名度,人们总是推举那些知名度高的人。因此凭推荐上去的人,往往不是真正有德有才之士。再加上那些广为结交、笼络人心的人，容易得到人们的拥护和称赞，而清廉正直之士由于坚持原则，与乡里关系不融洽，与那些志趣不同者不来往，则常常受到人们的毁谤，就使得察举更难以得到真正的优秀人才了。至于世家豪族对察举制度的垄断，无疑是对察举制度的致命破坏，使这一问题多多的制度更难修复了。在这里，王充可以说把察举制度的根本性弊端揭示出来了。

由此而进，王充对于由察举制度所产生的达官显贵们表示了极大的怀疑。他指出，那些高贵者并非就是贤者，那些卑贱者也未必就是不肖者，这种不公正只能归为人所不能掌握的"命"与"时"。他说："以仕宦得高官、身富贵为贤乎？则富贵者，天命也。命富贵，不为贤；命贫贱，不为不肖。"（《论衡·定贤》）又说："才高行洁，不可保以必尊贵；能薄操浊，不可保以必卑贱。……世各自有以取士，士亦各自得以进。……处尊居显，未必贤，……位卑在下，未必愚，……进者未必贤，退者未必愚。"（《论衡·逢遇》）可以说，王充是把察举、把仕途、把社会真正看透了，而其间当然隐含着他的充满痛苦的人生体验。不经过这种痛苦的人生体验的人，大概是很难把这一切看透的。

不仅如此，王充还对汉代官场的黑暗加以了直接的抨击。王充一生做过许多年的小官，这使他能够亲眼看见官场的黑暗，亲身体验现实政治的阴暗面。而晚年辞官归隐的王充，在"幽处独居，考论实虚"（《论衡·自纪》）时，自然不可避免地把长期沉积在胸中的郁结凝注于笔端而宣泄出来。这就构成了他对官场黑暗的尖锐揭露。正如他所说的："充仕数不耦，而徒著书自纪。"（《论衡·自篇》）

王充一针见血指出，正直之士一旦进入仕途，首先所面临的就是官场这一可怕的异化物。这个可怕的异化物，其力量是如此之大，是人们凭自己的努力所不能左右的。《论衡》首篇《遭遇》，就直接地揭露了官场的黑暗和正直之士的无奈："操行有常贤，仕宦无常遇。贤不贤，才也；遇不遇，时也。……世各自有以取士，士亦各自得以进。进在遇，退在不遇。处尊居显，未必贤，遇也；位卑在下，未必愚，不遇也。"（《论衡·遭遇》）他指出，人可以在德行上完善自我，但却无法把握官职的升迁。官职的尊显卑微，是由"遇"所决定的，这种"遇"与"不遇"的例子，在历史上和现实中比比皆是。一方面，贤者因其"遇"或"不遇"，各有不同的命运，一些贤者因其"遇"而发挥了才能，更多的贤者则因其"不遇"而历尽困厄坎坷，如："或操同而主异，亦有遇不遇，伊尹、箕子是也。伊尹、箕子才俱也，伊尹为相，箕子为奴，伊尹遇成汤，箕子遇商纣也。"(《论衡·逢遇》)另一方面,许多不肖之徒则因其"遇"而青云直上,出入宫廷,掌握大权。而这里的所"遇"之奇,可以说无奇不有,鸡鸣之徒、貌美之男、丑陋之妇都有因"遇"而发迹、而走运的例子:"窃簪之臣,亲于子反。鸡鸣之客,幸于孟尝。子反好偷臣,孟尝爱伪客也。……籍孺幸于孝惠,邓通爱于孝文,无细简之才,微薄之能,偶以形佳骨娴,皮媚色称。……或以丑面恶色称媚于上,嫫母、无盐是也。嫫母进入黄帝,无盐纳入齐王。"(《论衡·逢遇》)。对此,王充感叹地说:"人主好恶无常,人臣所进无豫,偶合为是,适可为上。进者未必贤,退者未必愚,合幸得进,不幸失之。"(《论衡·逢遇》)总之一句话:"仕宦有时,不可求也。"(《论衡·逢遇》)

王充根据自己的亲身体验,还勾画出官场上的种种众生相,指出官场上全无道德、人情可言,除了无耻,还是无耻。他说:"文吏幼则笔墨,手习而行,无篇章之诵,不闻仁义之语。长大成吏,舞文巧法,徇私为己,勉赴权利。考事则受赂,临民则采渔,处右则弄权,幸上则卖将。一旦在位,鲜冠利剑;一岁典职,田宅并兼。"(《论衡·程材》)又说:"逸与佞,俱小人也,同道异材,俱以嫉妒为性,而施行发动之异。逸以口害人,佞以事危人;逸人以直道不讳,佞人依违匿端;逸人无诈虑,佞人有术数。"(《论衡·答佞》)还说:"充升擢在位之时,众人蚁附;废退穷居,旧故叛去。"(《论衡·自纪》)他所说的"文吏""逸人""佞人"及"蚁附者",都是官场上的无耻之徒。正是这些无耻之徒鱼肉人民,竞相钻营,把官场弄得昏天黑地、乌烟瘴气。

王充还指出,官场之所以黑暗往往是由于那些统治者、当权者昏庸所致。他们根本就不能识别贤佞,所看重的总是无耻的"佞人"与"文吏",所排斥的总是正直的"贤人"与"儒生"。他指出:"庸庸之君,不能知贤;不能知贤,不能知佞。"(《论衡·答佞》)"今世之将相,不责己之不能,而贱儒生之不习;不原文吏之所得得用,而尊其材,谓之善吏。"(《论衡·程材》)"无道理之将,用心暴猥,察吏不详,遭以好迁,妄授官爵,猛水之转沙石,焱风之飞毛芥也。是故毛芥因异风而飞,沙石遭猛流而转,俗吏遇悖将而迁。"(《论衡·状留》)"贤儒之不进,将相长吏不开通也。"(《论衡·状留》)他清醒地看到,正是由于"庸庸之君""无道理之将",使得无耻者飞黄腾达,正直者稽留难进。他感慨地说:"贤才退在俗吏之后,信不怪也。""无伯乐之友,不遭王良之将,安得驰于清明之朝,立千里之迹乎!"(《论衡·状留》)正是这样,对于那些昏庸无道的统治者、当权者,晚年的王充已不再抱什么希望。当汉章帝特召公车征让他去做大官时,他没有选择重返官场的路。

五、王充批判精神的特点和历史影响

从上面四个方面看,王充的批判精神可以归结为两个重要的特点。

其一,涉及面相当广泛,从天人感应、鬼神迷信到儒家文化、现实社会都在其批判锋芒直指之列。诚如他所说:"世书俗说,多所不安。幽处独居,考论实虚。""伤伪书俗文多不实诚,故为《论衡》之书。"(《论衡·自纪》)在这些地方,王充确实表现为一个勇者型的哲学家,不仅显示了他的批判精神的气势,而且显示了他的批判精神的尖锐性。

其二,论说上较深入,注重通过逻辑论证和事实检验来说明问题。他强调:"论则考之以心,效之以事,浮虚之事,辄立证验"(《论衡·对作》),主张把"考之以心"——理性的逻辑论证和"效之以事"——客观的事实检验,作为进行批判的两大手段。正是依靠这两大手段,才使得"《论衡》细说微论,解释世俗之疑,辩照是非之理,使后进晓见然否之分"(《论衡·对作》)。因此,王充不只是一个勇者型的哲学家,而且也是一个智者型的哲学家:他的批判精神不只具有破坏性,而且也具有建设性。对王充来说,这种破坏性与建设性是自觉地统一在一起的,所以他说:"《论衡》者,所以铨轻重之言,立真伪之平,非苟调文饰辞为奇伟之观也。"(《论衡·对作》)可以说,王充与《论衡》是中国古代理性的求实的批判精神的杰出代表。

正是这样,王充的批判精神对以后的中国文化发展产生了深远的影响。这种历史影响,可以从王充所处的东汉时代开始,向后推移至距今100年前的新文化运动,而得到一个完整的展现。

王充对现实社会的批判,直接唤起了东汉末期的社会批判思想家。继王充之后,王符、崔寔、仲长统等一批更激进的思想家登上了汉代思想舞台,以自己的人格和著述对现实社会进行猛烈的批判,成为四百年汉家王朝的理论清算者。他们的一个共同点,是对当时社会的黑暗和统治者的腐朽表现出强烈的义愤。尤其是对于当权的门阀世族,他们十分痛恨、深为不满,予以了尖锐的揭露和深刻的批判。王充所开启的对现实社会的批判,由此而发展为东汉末期社会批判思潮,在中国思想史上留下可歌可泣的一章。范晔著《后汉书》,将王充与王符、仲长统合传,即可以鲜明看出王充对东汉末期社会批判思潮的影响及其前后相承的脉络。

在明清之际，王充的批判精神成为激活早期启蒙思潮的重要因素，在李贽、熊伯龙的著述和思想中即可看到王充的影响。李贽对儒学进行了尖锐的批判，坚决反对"咸以孔子之是非为是非"，认为"但无以孔夫子之定本行罚赏也，则善矣"(《藏书·世纪列传总目前论》)，其批判精神就可以溯源于王充。近世学者莫伯骥就明确指出了这一点："又有人谓《论衡》中如《问孔》《刺孟》二篇，奋其笔端，以与圣贤相轧，论辩新颖，务求繁辞尽意，佥谓王氏不当如是。莫骥案，后来如金李纯甫、明李卓吾著书，每与孔孟为难，当导源于此。言论解放，不为古今人束缚，表现怀疑派哲学精神，王氏实开其端。"[1]熊伯龙以《论衡》为基础，参以他说，附以己见，选编成对鬼神迷信做系统批判的《无何集》。在《无何集》中，熊伯龙对王充关于鬼神观念、卜筮活动、禁忌迷信的批判，做了广泛的引录和很高的评价。熊伯龙之子熊正笏在该书《凡例》中说："是书以《论衡》为宗，本名《论衡精选》，但所选以辟神怪祸福之说为主，故名曰《无何集》。"从《论衡》到《无何集》，反映了中国古代批判鬼神迷信的理性精神和无神论传统的源远流长，也证明了王充的批判精神所具有的生命力和影响力。

当中国历史进入20世纪第二个十年，随着陈独秀发起新文化运动，新旧文化两大营垒由此展开激烈的思想论争，王充的批判精神又一次受到中国进步思想界的重视而再现光辉，成为批判旧思想旧文化的理论武器。例如，王充对儒家文化的自我批判，受到了新文化人物的大力推崇。易白沙的《孔子平议》一文，即以王充作为破除对孔子迷信的思想先驱，指出："汉武帝以来，二千有余岁，治学术者，除王充、嵇叔夜、金正希、李卓吾数君子而外，冠屦履句，多抱孔子万能之思想。"[2]又如，王充对鬼神迷信的批判，在环绕灵学有鬼论的论争中得到了新的凸现。针对当时成立的上海灵学会和出版的《灵学丛志》，陈独秀于1918年在《新青年》上发表《有鬼论质疑》一文，批评这种以"科学"的面貌出现的新有鬼论，指出："今之士大夫，于科学方兴时代，犹复援用欧美人之灵魂说，曲征杂引，以为鬼之存在，确无疑义，于

---

[1] 莫伯骥.王充卷:《论衡》通津草堂本跋.河南:中州书画社,1983:228.

[2] 易白沙.中国现代思想史资料简编(第1卷):孔子平议(下).杭州:浙江人民出版社, 1982:97.

是著书立说,鬼话连篇,不独己能见鬼,而且摄鬼影以示人。"[1]在文章中,陈独秀"采纳尊疑主义",对这种新有鬼论提出八点质疑。由此引发了一场关于有鬼论与无鬼论的论战。这场论战的主要论题之一,就是如何看待王充对鬼神迷信的批判。

针对陈独秀的文章,主张有鬼论的易乙玄发表《答陈独秀先生〈有鬼论质疑〉》一文,指责陈独秀的一些观点来自王充,不是经不起反诘,就是落入古人窠臼,并且说自己著有《心灵学》一书,其中有专门批驳王充的一段文字:"充此论更为不值,谓人死为鬼,则道路之上一步一鬼也。此所谓道路,不知何指。为显界之道路耶?为幽界之道路耶?其界说殊不明了。且鬼若盈于道路,而又为王充所见,则是非鬼乃人,以王充不信有鬼。即使为鬼,王充见之,又不得谓为无鬼也。充不知人所居者为显界,鬼所居者尚别有一界,名幽界(幽显二字,不过吾人假以名)。此幽界者,永非吾人生时所能见,然亦或见之;而死则必在其中。鬼之于显界也亦然。吾前既云:鬼死为人,人死为鬼。今不见显界有人满之患,又安知幽界有鬼满之患耶?"[2]

对此,反对有鬼论的刘叔雅(刘文典)、易白沙都发表文章,批评易乙玄而大力肯定王充。刘叔雅在《难易乙玄君》一文中指出:"王充为东汉鸿儒,其思想学识,不特为中夏古代所稀见,即欧洲近世亦鲜其俦匹。"[3]易白沙在《诸子无鬼论》一文中更对王充作了高度评价,指出在主张无鬼论思想家中王充占有特殊的重要地位:"王充则从物理上辩明无鬼,谓世俗言鬼神状态,皆不足信。"[4]"诸子中惟王充反复讨论,不厌详晰。又有《龙虚篇》证龙神之诞,《雷虚篇》驳雷神之妄。今世科学大明,其言益信。王充以后,晋有阮瞻、阮修执无鬼论,物莫能难。二阮皆道家,其言鬼无衣服,亦同王充。南齐范缜著《神灭论》,神形心藏之分,彭生、伯有之事,意在拒绝佛教。宋儒亦多言无鬼。王安石以灾异不足畏。朱熹谓轮回为生气未尽,偶尔凑泊。其论皆不出周汉人士之书,兹不备述。"[5]

这场有鬼论与无鬼论的论战,在新文化运动诸论战中算不上十分激烈、引人注

---

[1] 陈独秀.独秀文存:有鬼论质疑.合肥:安徽人民出版社,1987:157.
[2] 易乙玄.独秀文存:答陈独秀先生《有鬼论质疑》.合肥:安徽人民出版社,1987:160.
[3] 刘叔雅.独秀文存:难易乙玄君.合肥:安徽人民出版社,1987:171.
[4] 易白沙.独秀文存:诸子无鬼论.合肥:安徽人民出版社,1987:181.
[5] 易白沙.独秀文存:诸子无鬼论.合肥:安徽人民出版社,1987:183.

目的论争,但陈独秀却十分重视,将上述诸文一并收入自己所编的《独秀文存》中予以保存。而考察新文化运动的开展,也会发现这场论战确实产生了一定的影响。1919年,毛泽东在领导湖南地区五四运动时,创办并主编了著名的时政报纸《湘江评论》。在《〈湘江评论〉创刊宣言》中,他大声疾呼:"世界什么问题最大?吃饭问题最大。什么力量最强?民众联合的力量最强。什么不要怕?天不要怕,鬼不要怕,死人不要怕,官僚不要怕,军阀不要怕,资本家不要怕。"[1]这里的"鬼不要怕""死人不要怕",正折射出这场论战的影响。这是王充的批判精神具有跨越时代的生命力、影响力的一个明证。

---

[1] 毛泽东.毛泽东早期文稿:《湘江评论》创刊宣言.长沙:湖南出版社,1995:292.

王充命定论发覆

胡发贵 （江苏省社科院）

王充是东汉时期的著名思想家，其大胆的怀疑精神、追求真理的勇气和广博的知识，历史上曾深受推崇。其著述被视为"异书"，史载同时代的东汉蔡邕视之为珍宝，读之而才思广进（袁山松《后汉书》二卷，载汪文台辑，周天游样《七家后汉书》，河北人民出版社，1987年，388页）；《四库全书总目提要》虽然认为"其言多激⋯⋯，露才扬己"，但也肯定其文字"订伪砭俗，中理者多，亦殊有裨于风教"；今人徐复观先生称赞其思想所造成的影响，"在中国古今思想家中，实少见其比。"（《两汉思想史》第二卷。九州出版社，2014年，344页）王充之所以如此受关注，既在其言论的尖锐与犀利，更在于其思想主张的特异性。如王充虽然坚决批判谶纬鬼神迷信，但却坚信命运，认为人人有命："自王公逮庶人，圣贤及下愚，凡有首目之类，含血之属，莫不有命。命当贫贱，虽富贵之，犹涉祸患矣。命当富贵，虽贫贱之，犹逢福善矣。故命贵，从贱地自达；命贱，从富位自危。"（《论衡·命禄篇》）而且断定人间一切都是命定的，生死由命，富贵在天："凡人遇偶及遭累害，皆由命也。有死生寿夭之命，亦有贵贱贫富之命。富贵之福，不可求致；贫贱之祸，不可苟除也。由此言之，有富贵之命，不求自得。夫物不求而自生，则人亦有不求贵而贵者矣。"（《论衡·命禄篇》）

王充为什么如此强调命运呢？过去，论者多从唯物与唯心的立场解读，遗憾王充没有彻底摆脱神学唯心主义，是其"战斗唯物主义"思想中的欠缺。其实，如果更深入一些的探讨，则可发现王充宣扬命定论，自有其思想逻辑和价值寄意。

一、元气决定论

王充反对"天地故生人、故生万物"的神学目的论,他认为气是宇宙万物的本源,"天地合气,万物自生;犹夫妇合气,子自生也。"(《论衡·自然》)又如:"天覆于上,地偃于下,下气蒸上,上气降下,万物自生其中间矣。"(《论衡·自然》)人虽为万物之灵,但同样派生于气:"人生于天地也,犹鱼之于渊,虮虱之于人也,因气而生,种类相产。"(《论衡物势篇》)王充认为,生人之气为"精气":"人之所以生者,精气也,死而精气灭"(《论衡论死》),精气的凝聚与消散,决定着人的存与亡"人未生在元气之中,既死,复归元气。"(《论衡论死》)"人死血脉竭。竭而精气灭,灭而形体朽,朽而成灰土,何用为鬼。"(《论衡论死》)

在王充看来,气是人之源、是生命之本,决定人的存亡,"人之生,其犹水也,水凝而为冰,气积而为人;冰极一冬而释,人竟百岁而死。"(《论衡论死》)由此王充进一步推论,禀气生生之初,气也就决定了人的一切,换句话说,积气也就"赋命"了:"凡人受命,在父母施气之时,已得吉凶矣。夫性与命异,或性善而命凶,或性恶而命吉。操行善恶者,性也;祸福吉凶者,命也。或行善而得祸,是性善而命凶;或行恶而得福,是性恶而命吉也。性自有善恶,命自有吉凶。使命吉之人,虽不行善,未必无福;凶命之人,虽勉操行,未必无祸。孟子曰:求之有道,得之有命。性善乃能求之,命善乃能得之。性善命凶,求之不能得也。"(《论衡·命义篇》)

综上所述,王充的命定论,从理论本质上看,实是其气本论的衍射,气的属性如何,也就决定了人的命运如何,所谓"父母施气之时,已得吉凶矣"云云,正是此意。这换句话说,人的命运如何,不是什么神和天,而是气禀所致。

二、去虚言妄语

王充自道,其著文论说,宗旨正是针砭妖言虚说。其之所以强调命定论,与其反谶纬,否定天人感应等怪力乱神之说,又有密切的关系。据《隋书 经籍志》记载:"王莽好符命,光武以图谶兴,遂盛行于世。汉世又诏东平王苍正五经章句,皆命从谶。"对图谶之类的神怪之论,王充一概痛加批驳,斥之为虚妄之说。

谶纬妄解自然与社会现象,鼓吹自然异象与灾祸的发生是上天对人的谴告,是神秘天意的体现。王充认为根本不是这么一回事,他力主天道自然无为,不会有意警告、劝诫人类:"夫天道自然也,无为;如谴告人,是有为,非自然也。"(《论衡·遣告》)谶纬论者宣扬:"人君喜则温,怒则寒"(《论衡·遣告》),王充认为这只是天地自然的节气变化,与人君品格无关:"寒温,天地节气,非人所为。"(《论衡·遣告》)他进一步揭示说:战国秦汉之际,诸侯攻伐,而天下并未常寒;唐虞之时,天下大治,但天气也并未常温,"寒温之至"是自然之事,"殆非政治所致",与人君的喜怒无关。他认为谶书所谓的"尧母庆都野出,赤龙感己,遂生尧"之类的神怪故事,皆是"虚妄言"。他认为圣人之为圣人,不在于非凡的身世,或天降祥瑞,而由气禀之初的命所定的:"凡人遇偶及遭累害,皆由命也";又说:"自王公逮庶人,圣贤及下愚,凡有首目之类,含血之属,莫不有命。命当贫贱,虽富贵之,犹涉祸患矣。命当富贵,虽贫贱之,犹逢福善矣。故命贵,从贱地自达;命贱,从富位自危"。他以春秋齐襄公之难为例说明,桓公之所以不中箭,是命定的:"管仲与桓公争,引弓射之,中其带钩。夫人身长七尺,带约其要,钩挂于带,在身所掩,不过一寸之内,既微小难中,又滑泽钴靡,锋刃中钩者,莫不蹉跌。管仲射之,正中其钩中,矢触因落,不跌中旁肉。命当富贵,有神灵之助,故有射钩不中之验。"(《论衡·吉验》)

显然,这里王充以命定的一种必然性,来否认和拒绝谶纬之类的神怪迷信,似乎在王充看来,宇宙间的一切事物都存有一种确定的因果联系,这种联系排除一切偶然性和臆想的关联。这里王充摈斥了虚妄、鬼神,但却也抑制了人为的自我造命的可能性。

三、信奉道家任自然

王充的命定论,其间还透露出强烈的弃绝做作人为,一任自然的道家气息。当然,学界关于王充思想属于儒家还是道家,一直存有争议,但无可争辩的事实是,王充是深受道家思想影响的。其《自纪》里所谓的"见污伤不肯自明,位不进亦不怀恨。贫无一亩庇身,志佚于王公;贱无斗石之秩,意若食万钟。得官不欣,失位不恨",就显然流露了道家贵弱的精神意趣;其所谓的"充性恬淡,不贪富贵。为上所知,拔擢越次,不慕高官;不为上所知,贬黜抑屈,不恚下位",也显示了道家知足常乐的价值取向。下面这段话,则更为充分而生动地表现出道家不以物累,一任自然的恬淡哲学:"孔子称命,孟子言天,吉凶安危,不在于人。昔人见之,故归之于命。委之于时,浩然恬忽,无所怨尤。福至不谓己所得,祸到不谓己所为。故时进意不为丰,时退志不为亏。不嫌亏以求盈,不违险以趋平,不鬻智以干禄,不辞爵以吊名,不贪进以自明,不恶退以怨人。同安危而齐死生,钧吉凶而一败成,遭十羊胜,谓之无伤。动归于天,故不自明。"

道家讲人法地,地法天,天法道,道法自然;这儿的"自然"即是未施加人类任何作用与影响的世界本然状态,"络马首"在道家看来就是人为做作,就是非自然;因此,所谓"道法自然"的根本要义就是遵循自然法则,用今天的话说,就是敬畏并遵守客观规律。故而崇尚自然的道家,倡导"无为",意指克制欲望,敬顺天地,不逆天犯时,由此也就衍生出谦卑的道德精神。王充的命定论,以一种淡定而自守、自足而自完的"全盘接受"一切遭遇的立场,突出了道家"法自然"思想中的"无为"精神,渲染了冥冥中存有一种绝对的决定力量,人世间一切被它左右和预定,似乎所有的人为都是徒劳的,所以王充坚信"福至不谓己所得,祸到不谓己所为"。这一思绪无疑凸显了道家"法自然"的超验而绝对的宰制性。

四、对人生的自解与自辩

在很大意义上,王充之所以倡言命定论,也是为自己一生遭际的自解,一定意义上也是在辩护。对照于古代世界的"三不朽",王充一生是平淡的,家世与功名似乎都乏善可陈。如何来看待这一切呢?王充似认为,这都是命定的,无法可变,也无须多着意。

据《后汉书》(卷四十九)记载,王充一生坎坷:少孤,家贫无书,书肆阅所卖书;为官又不顺,仕郡为功曹,以数谏争不合去。他自己在《自纪》中则有较为详细而生动的叙述,字里行间不无几许哀怨、无奈:如"充细族孤门","充仕数不耦,而徒著书自纪";晚年迹近穷困,颇感悲凉:"充以元和三年徙家辟诣扬州部丹阳、九江、庐江,后入为治中。材小任大,职在刺割。笔札之思,历年寝废。章和二年,罢州家居。年渐七十,时可悬舆。仕路隔绝,志穷无如。事有否然,身有利害。发白齿落,日月愈迈。俦伦弥索,鲜所恃赖。贫无供养,志不娱快。"

世情的浮华炎凉,更加刺激了其落泊与挫折感:

"俗性贪进忽退，收成弃败。充升擢在位之时，众人蚁附；废退穷居，旧故叛去。志俗人之寡恩，故闲居作《讥俗节义》十二篇。冀俗人观书而自觉，故直露其文，集以俗言。"

为了给自己的一生一个自洽的解说，也许亦出于抑制、平衡和消散人生的失意感，王充强调一切都是命："孔子称命，孟子言天，吉凶安危，不在于人。昔人见之，故归之于命。委之于时，浩然恬忽，无所怨尤。"命只能接受，因而，因"命"所生的一切，也就是自然而然的了，一切都没什么大不了的，"福至不谓己所得，祸到不谓己所为。故时进意不为丰，时退志不为亏。不嫌亏以求盈，不违险以趋平，不鬻智以干禄，不辞爵以吊名，不贪进以自明，不恶退以怨人。同安危而齐死生，钧吉凶而一败成，遭十羊胜，谓之无伤。动归于天，故不自明。"

下面这段引文中的自辩，更生动显现出王充强调命定论的旨意所在：

"充仕数不耦，而徒著书自纪。或亏曰：所贵鸿材者，仕宦耦合，身容说纳，事得功立，故为高也。今吾子涉世落魄，仕数黜斥。材未练于事，力未尽于职，故徒幽思，属文著记，美言何补于身？众多欲以何趋乎？

（充答）：材鸿莫过孔子。孔子才不容，斥逐，伐树，接淅，见围，削迹，困饿陈、蔡，门徒菜色。今吾材不逮孔子，不偶之厄，未与之等，偏可轻乎？且达者未必知，穷者未必愚。遇者则得，不遇失之。故夫命厚禄善，庸人尊显；命薄禄恶，奇俊落魄。必以偶合称材量德，则夫专城食土者，材贤孔、墨。身贵而名贱，则居洁而行墨，食千钟之禄，无一长之德，乃可戏也。若夫德高而名白，官卑而禄泊，非才能之过，未足以为累也。士愿与原宪共庐，不慕与赐同衡；乐与夷俱，不贪与跖比迹。高士所贵，不与俗均，故其名称不与世同。身与草木俱朽，声与日月并彰，行与孔子比穷，文与杨雄为双，吾荣之。身通而知困，官大而德细，于彼为荣，于我为累。偶合容说。身尊体佚，百载之后，与物俱殁。名不流于一嗣，文不遗于一札，官虽倾仓，文德不丰，非吾所臧。德汪。而渊懿，知滂沛而盈溢，笔泷漉而雨集，言溶溶而泉出，富材羡知，贵行尊志，体列于一世，名传于千载，乃吾所谓异也。"（《论衡·自纪》）

总之，王充将自己人生的曲折与遭遇的凄苦，将社会上所有难以给出合理解释的社会现象，全归之于命，"凡人遇偶及遭累害，皆由命也"。命定论固然显示了王充思想的有限性，也与其大胆怀疑与批判一切的启蒙精神相枘凿，但其间也真实地蕴含了王充对世界本源与本质的理解,他想排除鬼神迷信横行的"思想的偶然性",可惜他找不到更为合适的武器,其精神的力量也似有限,于是他以不变应万变,借用传统的"命定"论对抗一切鬼怪;对于人生际遇、社会不公背后复杂的原因,王充也似乎无意于作更深入、更深刻和尖锐的剖析与批判,也全部推给了命。概而言之,世界在王充看来,既有可解的部分,更有许多不可晓喻的,命只是一种不可辩说的、方便的暂时沉默,疑问事实上始终是存在的。

王充命定论所包含的丰富历史与思想内涵,是值得细细分析的。

王充在越文化发展史上的经典意义

潘承玉 （绍兴文理学院越文化研究院 省越文化传承与创新研究中心）

有的思想家的思想可以影响一时，不能影响一世；有的思想家的思想可以影响一世，不能影响一代；有的思想家的思想可以影响一代，不能影响百代。文化史、思想史上可以影响百代的巨人不多，在中华民族的主体汉族实际上也是整个中华民族共同体定型的汉代，在我们越地就诞生这样一位百世之师的巨人——王充。这是越文化发展史上具有经典意义的思想巨人。

这里所说的越文化，不仅指以先秦越国文化为源头，在当年越国都城绍兴及其腹心地区繁衍发达起来的绍兴文化、浙东文化，还指在当年越王勾践灭吴、实现吴越两国统一以后，受"大越国"文化福泽，在大越国主要统治区绵延发祥起来的两浙文化甚至江浙地区文化亦即江南文化；这里所说的经典意义，也不限于越文化发展史，也可说是在中国传统文化发展史上的经典意义。

王充作为越文化发展史和中国传统文化发展史上的巨人，其经典意义是多元的。笔者只择取其中最基本的四点：

一、王充是中华民族精神"实事求是"的突出贡献者

在当代政治文化话语中，"实事求是是马克思主义的活的灵魂"，是一个习见的经典命题。已经有不少学者谈到，20世纪最重大的历史事件，就是马克思主义在中国的落地生根；能实现马克思主义与中国人民追求幸福生活的斗争实践的很好融合，在于马克思主义原理精义中存在很多与中国传统文化、中华民族精神契合的

地方。笔者以为，"实事求是"既是马克思主义的活的灵魂，又是中华民族精神中最核心的精神之一；在中华民族精神"实事求是"的形成发展过程中，很多思想家都做出贡献，但第一个贡献者是王充，在近代以前的历史时期，最执着、最重要、影响最大的贡献者也是王充。

不错，普遍地提出"实事求是"概念，形成一个群体性的自觉思潮的，是清代乾隆、嘉庆年间的乾嘉学派史学家。但最早实际提出这一理念，反复论证、传播这一理念的是王充。

笔者对《论衡》文本做过一个统计。全书21万字，其中：

（1）提到与"实事"概念相关的字词有：

"实"字648处、"真"字75处，合计723处；提到"实"字地方，又提到"实事"28处、"事实"2处。

（2）根据"实事求是"理念反驳各种说法时，用到与"实事"概念相反的字词有：

"虚"189处、"妄"121处、"伪"51处、"夸诞"4处，合计365处；提到"虚"、"妄"地方，又直接痛斥"虚妄"的，有36处。

（3）还有讲到要正确区分"是非"的地方，有49处。

这样，正面反面提倡实事求是的地方，共有1136处。

按现代标点整理，《论衡》全书约有900个语段，这中间竟然共有1136处，或正或反在提倡实事求是，这在古代所有思想家的著作中是唯一的。不仅如此，王充还在书中一再直接说："《诗》三百，一言以蔽之，曰：'思无邪。'《论衡》篇以十数，亦一言也，曰：'疾虚妄。'"（《论衡·佚文篇》）"《论衡》之造也，起众书并失实虚妄之言胜真美也。……故《论衡》者，所以铨轻重之言，立真伪之平，非苟调文饰辞，为奇伟之观也。……虚妄显于真，实诚乱于伪，世人不悟，是非不定，紫朱杂厕，瓦玉集糅。以情言之，岂吾心所能忍哉！……《论衡》实事疾妄。"（《论衡·对作篇》）可见，21万字的思想著作《论衡》约900个语段，段段都在讲"实事"斥"虚妄"，都在讲求"真"去"伪"；全书的根本使命就在"立真伪之平"，确立是否实事求是的思想方法。

王充"实事求是"理念的高度自觉，其对"实事求是"这个中华民族核心精神贡献之大，在古代历史上找不到第二人。

王充作为越文化发展史上的第一个思想巨人，其对中华民族精神的宝贵贡献，无疑也启迪了后来的越地学人。我们说，中华民族核心精神还有辩证的义利观，这与南宋浙东学派的贡献紧密相关；还有知行合一，这主要是明代王阳明的贡献；还有以民为本，天下为公，在明末清初这主要是借由黄宗羲《明夷待访录》而深入人心的。

二、王充是中国传统士人"大丈夫"人格的卓越树立者

众所周知，人民群众创造历史，是一个基本的马克思主义历史观；随着历史研究的不断深入，今天看来，这个人民群众概念理应从既往极左时期的狭窄认知中摆脱出来，也就是不仅包括物质财富的普通创造者，也应该包括精神财富的创造者。平实的判断应该是，几千年中国社会阶层中的"四民"，中国传统物质财富的创造者主要是"农"，其次是"工""商"；中国传统精神财富也就是各种思想学术和文学艺术的创造者主要是"士"，由于"士"与其他阶层特别是"农"从来就有很紧密的关系，二者之间身份可以转变，"农""工""商"等也参与精神财富的创造。"四民"共同创造整个中国传统文明，但士主要承担了创造和发展中国传统精神文化的使命。

在王权专制主义时代，士该如何承担这一使命，是做"犬儒""小人儒"，还是做"君子儒"或者说"大丈夫"，那是有不同的选择和自觉性的。近代鲁迅曾说："我们从古以来，就有埋头苦干的人，有拼命硬干的人，有为民请命的人，有舍身求法的人，虽是等于为帝王将相作家谱的所谓'正史'，也往往掩不住他们的光耀，这就是中国的脊梁。"（《且介亭杂文·中国人失掉自信力了吗》）鲁迅所看到的，应该绝大多数都是士人大丈夫；他自己也是一个为国民性现代化而这样拼命硬干的近代士人。往上张载提出，"为天地立心，为生民立命，为往圣继绝学，为万世开太平"（《张子语录中》），这是中古士人的自觉。再往上孟子反对"一怒而诸侯惧，安居而天下熄"的庸俗"大丈夫"观，提出，"居天下之广居，立天下之正位，行天下之大道，得志与民由之，不得志独行其道，富贵不能淫，贫贱不能移，威武不能屈，此之谓大丈夫"（《孟子·滕文公下》），第一次正式提出"大丈夫"的理想人格，向士人指出做"大丈夫"的人生道路。按孟子的说法，做大丈夫的关键在于"行天下之大道""独行其道"，坚持其志、无可转移。王充作为世"以农桑为业"的后代，作为"仕数不耦"的"细族孤门"（《论衡·自纪篇》），无法"居天下之广居，立天下之正位"，因而也无法在政治上有何重大作为，但却凭借对截止公元1世纪中国话语环境的彻底清算，卓然

树立起孟子所说的"大丈夫"人格。

王充是公元1世纪中国的思想清道夫。

他不仅对西汉董仲舒建立起来的官方谶纬神学进行全面解构,还以"世俗""俗说"云云对民间各种鬼神迷信、礼俗进行了全面澄清。

王充还以"儒者"云云对夏商周以降积累已千年的精神文化遗产进行了全面清算。

可以毫不夸张地说,王充以大无畏的精神批判了几乎是当时整个世界和全部历史时期所形成的知识系统和价值观。也就是说,王充凭借东汉科学技术的发达(以浙东青瓷烧造为契机)和自己的科学思考,摆脱了几乎是当时整个世界和全部历史时期所形成的知识系统和价值观对他的束缚,在他身上实现了一次前所未有的知识自由和思想创新,也实现前所未有的不以外在功名为转移的知识分子的个性自由和人格独立。如其自云,"贫无一亩庇身,志佚于王公;贱无斗石之秩,意若食万锺"(《论衡·自纪篇》)。所以,现代有学者肯定,王充"勇气胆识,特立独行,堪称前无古人后无来者,五千年中仅此一人而已"[1]。

东汉以后魏晋时代,中国士人走入一个性自觉的时代。王充实际上开创了这个时代。

王充在学术思考中树立的"大丈夫"人格,也为后来的越地士人不怕"异端邪说"指责,勇敢面对排山倒海的各种压力,帮助中国话语环境一次次实现转型、创新,如南宋"浙学"、明代"心学"诸夫子之所为,树立光辉的榜样。

三、王充在政治上的温和态度对古今学者都有启迪意义

王充对当世话语环境也就是对其时流行的思想学说、民俗信仰等等精神文化的态度,与其对当世政治的态度是不同步的。或者说,他对当时当世思想学说、民俗信仰等等精神文化的态度是非常激进的,而其对当时当世政治、政权的态度却是比较温和的,甚至可说是妥协的。

有学者曾批评指出,"王充对神学的世界观的批判是勇敢的、尖锐的,然而,当天国的批判转而为地上的批判,宗教的批判转而为法律的批判,神学的批判转而为

---

[1]黄云生.王充评论[M].中国台湾:台湾三信出版社,1975:169.

政治的批判时,王充就显得有了局限"①。徐复观认为这是王充的生活遭际所限。他说:"两汉思想家的共同特性,是对现实政治的特别关心。所以在各家著作中,论政都占有重要的地位。就《论衡》来说,不仅论政的比例占得少。并且在内容上,除了以他自己的遭遇为中心,反映了一部分地方政治问题外,对于当时的全般政治的根源问题,根本没有触到。在政治方面,他还有《备乏》《禁酒》《政务》三书,没有传下来;但就《论衡》中的《对作》《自纪》两篇所陈述的三书内容,实属政治上的枝节问题,其意义恐亦微不足道。且《论衡》中以极大的分量,从事于歌功颂德,这在古今值得称为思想家中,实系最特出的现象。我的解释除了他过分力求表现的气质以外,和他身处乡曲,沉沦下僚,没有机会接触到政治的中心,因而也没有接触到时代的大问题,有不可分的关系。人情上,凡在追求想象中,不仅没有得到,并且也没有实际接触到的事务,便自然是容易美化的事物。所以王充在政治方面写下了繁复而异乎寻常的歌功颂德的文章,不必是他的品格上的问题,而实际是由他的遭遇限制了他展望时代的眼界。"②还有学者提出,这与王充的主观选择有关,"对王充哲学思想的评价,以往亦多政治色彩,多以阶级性的哲学作为认识的基点。其实,王充思想与同时代的其他思想家相比,恰恰于政治方面较为淡漠"③;或者反过来,认为王充颂汉一方面是为了避祸,另一方面"还有凭之进身的积极意识",希望像班固一样跻身统治集团。

按之文献,说王充不了解东汉政坛现实不准确,他既在京师洛阳求学,又曾往来洛阳、陈留、颍川等地做官,期间还目睹明帝驾临辟雍的盛况,又曾负责丹阳、九江、庐江三郡监察工作,绝非对东汉政治孤陋寡闻;说王充对政治问题淡漠,更是没有任何根据,王充自己就说,他曾"闵人君之政,徒欲治人,不得其宜,不晓其务,愁精苦思,不睹所趋,故作《政务》之书"(《论衡·自纪篇》),"其《政务》言治民之道","《政务》为郡国守相、县邑令长陈通政事所当尚务,欲令全民立化","《论衡》《政务》,其犹《诗》也,冀望见采"(《论衡·对作篇》),足见他对政治充满热情,并对东汉政治文化颇有足以骄傲的建树。然则王充何以在比较全面批判流行思想学说民俗的同时,对当代政治并不同样予以尖锐针砭,反而公开提出"须颂"即必须歌颂口

---

① 侯外庐等.中国思想通史(第2卷)[M].北京:人民出版社,1957:284.
② 徐复观.两汉思想史[M].北京:九州出版社,2014:513-514.
③ 张岂之.中国思想学说史·秦汉卷[M].桂林:广西师范大学出版社,2007:700.

号,写下《齐世》《宣汉》《恢国》《验符》《盛褒》《须颂》等对东汉朝廷和天子进行"繁复而异乎寻常的歌功颂德的文章"？能否认为主要是为了跻身统治集团上层,如果那样,又与一般御用文人的阿谀奉承有什么差别？

这方面,周桂钿曾提出,"王充认为,从各个方面比较,汉代都比过去强","我们讲汉唐盛世,东汉早起又是盛世中的繁荣期";作为"反潮流的中流砥柱,头脑清醒的思想家",王充反对长期以来盲目的颂古非今思潮,因而提出要"彰汉德于百代,使帝名如日月"(《论衡·须颂篇》),"王充歌颂汉朝是实事求是的,是正确的,肯定了历史的发展"[①]。我们认为,类似的判断是中肯的,但还不够到位。

值得提出的是,王充反对"俗好褒远称古"(《论衡·宣汉篇》),在"《宣汉》之篇,高汉于周,拟汉过周"之后,又"恢论汉国在百代之上",提出了一系列理据,其中有一点一直未引起足够重视,这就是:"如儒者之言,五代皆一受命,唯汉独再,此则天命于汉厚也。……绝而复属,死而复生。世有死而复生之人,人必谓之神。汉统绝而复属,光武存亡,可谓优矣。"(《论衡·恢国篇》)这就是说,王充赞美两汉,认为"汉之高祖、光武,周之文、武也。文帝、武帝、宣帝、孝明、今上,过周之成、康、宣王。非以身生汉世,可褒增颂叹,以求媚称也;核事理之情,定说者之实也"(《论衡·宣汉篇》),一个关键原因,就是出于对两汉国家这个历史上第一次长期大一统政局的衷心拥戴。这是一种深沉的爱国情怀的表现。

王充之后几乎所有越地出身的杰出思想家,几乎也都是大一统国家的忠心拥戴者,几乎也都对当朝政治采取了温和的合作态度,都是深沉的爱国者,像南宋浙东学派思想家诸人、王阳明及其后学之所为。这和王充的影响也有关系。

四、王充对越地文化采取的辩证态度也为今人树立榜样

王充是越地文化的热心提倡者,又是清醒整理者。

如前所述,两汉是中国历史上第一个真正意义上的大一统国家。继西汉之后,东代的政治家及学者不但倾力总结历代政权兴衰成败的经验教训,还从建设大一统国家意识形态的需要出发,注重考察、研究、吸收春秋战国以来各地形成的地域文化,力图对各种文化资源进行重新整合。东汉会稽郡学者也积极参与到这一文

---
① 周桂钿.王充评传[M].南京:南京大学出版社,1993:437.

化工程之中,其中主要的整理重点是先秦越国的历史文化,突出代表就是赵晔在《吴越春秋》中和袁康、吴平在《越绝书》中进行的越文化研究。元代徐天祜对《吴越春秋》的思想倾向分析说,"其言上稽天时,下测物变,明微推远,憭若蓍蔡。至于盛衰成败之迹,则彼己君臣反复上下其议论;种、蠡诸大夫之谋,迭用则霸;子胥之谏,一不听则亡;皆凿凿然,可以劝诫万世,岂独为是邦二千年故实哉!"[①]明代钱福也云:"是书所载,若胥之忠、蠡之智、种之谋、包胥之论战、孙武之论兵、越女之论剑、陈音之论弩、勾践之畏天自苦、臣吴之别辞、伐吴之戒语、五大夫(计倪、扶同、向垣、若成、曳庸)之自效,世亦胡可少哉?"[②]但赵晔、袁康、吴平等的研究虽在建构大一统国家意识形态的过程中彰显了本土历史文化,也因缺乏严谨的学理逻辑而传播了不少似是而非的东西。

与赵晔、袁康、吴平等人有些盲目颂古而忽今不同,王充向外着重传播的不是历史文化,而是外人罕知的越地当代学术文化。试看王充比较典型的论述:"古昔之远,四方辟匿,文墨之士,难得纪录,且近自以会稽言之,周长生者,文士之雄也。在州,为刺史任安举奏;在郡,为太守孟观上书,事解忧除,州郡无事,二将以全。长生之身不尊显,非其才知少、功力薄也,二将怀俗人之节,不能贵也。使遭前世燕昭,则长生已蒙邹衍之宠矣。……长生之才,非徒锐于牒牍也,作《洞历》十篇,上自黄帝,下至汉朝,锋芒毛发之事,莫不记载,与太吏公《表》《纪》相似类也,上通下达,故曰《洞历》。然则长生非徒文人,所谓鸿儒者也。前世有严夫子,后有吴君(高),末有周长生。……孔子曰:'文王既没,文不在兹乎!'文王之文在孔子,孔子之文在仲舒;仲舒既死,岂在长生之徒与?何言之卓殊,文之美丽也!……会稽文才,岂独周长生哉?所以未论列者,长生尤逾出也。九州岛多山,而华、岱为岳,四方多川,而江、河为渎者,华、岱高而江、河大也。长生,州郡高大者也。……长生说文辞之伯,文人之所共宗,独纪录之,《春秋》记元于鲁之义也。"(《论衡·超奇篇》)"案东番邹伯奇、临淮袁太伯、袁文术、会稽吴君高、周长生之辈,位虽不至公卿,诚能知之囊橐,文雅之英雄也。观伯奇之《元思》、太伯之《易(章)句》、文术之《咸铭》、君高之《越纽录》、长生之《洞历》,刘子政、扬子云不能过也。"(《论衡·案书篇》)

---
① 周生春.吴越春秋辑校汇考·徐天祜序[M].上海:上海古籍出版社,1997:9.
② 张觉.吴越春秋全译:《吴越春秋》的研究考证资料辑录.贵阳:贵州人民出版社,2008:348.

与赵晔、袁康、吴平等人几乎是以完全信从的态度对待越地历史文化包括各种传说不同,王充对历代士人津津乐道的越地历史文化采取了理性分析的态度。如其一,在《书虚篇》中,王充指出:"禹到会稽,非其实也。"他的解释是:"吴君高说,会稽本山名,夏禹巡守会计于此山,因以名郡,故曰会稽。夫言因山名郡,可也;夏禹巡狩此山,虚也。巡狩本不至会稽,安得会计于此山?宜听君高之说,诚'会稽'为'会计',禹到南方,何所会计!如禹始东,死于会稽,舜亦巡狩,至于苍梧,安所会计?百王治定则出巡,巡则辄会计,是则四方之山皆会计也。"吴君高的意思是说会稽郡是因会稽山而得名的,会稽山的名称是因大禹巡游视察,大会诸侯,计功行赏于此山,于是此山就名为"会计"了,故称"会稽"。王充虽十分推崇吴君高的文章,但对其学术观点并不认同,认为大禹巡游视察,大会诸侯,计功行赏于此山是虚妄之言。他认为禹统治的范围在唐虞国界,而越远在九夷,属于偏远荒蛮之地,禹很难从中原到达他统治范围以外的偏远地区;就算姑且相信吴君高的说法,舜也曾到南方巡视过,南方怎么就没有因舜而取名"会稽"的地方呢?历代帝王外出巡察时总是要大会诸侯,计功行赏的,那四境之内岂不是有很多山都名会计了?其二,在《书虚篇》中,王充又指出:"传书言,舜葬于苍梧,象为之耕;禹葬会稽,鸟为之田,盖以圣德所致,天使鸟兽报佑之也。世莫不然。考实之,殆虚言也。"王充分析指出,"实者,苍梧多象之地,会稽众鸟所居。《禹贡》曰:'彭蠡既潴,阳鸟攸居。'天地之情,鸟兽之行也。象自蹈土,鸟自食苹,土蹶草尽,若耕田状,壤靡泥易,人随种之,世俗则谓舜、禹田。"王充采用实证主义的方法和精神来考察与分析越国文化,否定了长期流传于越地的传说。

笔者认为,注重及时发掘当代地域文化而非在古老陈旧的说法上打圈圈,注重对本土文化采取一种科学分析的理性态度而非盲目自卖自夸,王充的地域文化研究选择,对今天的地域文化研究者仍然不失教育意义。

王充思想新论

任蜜林 （中国社会科学院哲学所）

王充(27—97)，字仲任，会稽上虞(今浙江上虞)人。王充的祖先本来住在魏郡元城(今河北大名)，因从军有功，被封到会稽阳亭。后来封爵失去以后，他们家就在那里定居下来，世代以农桑为业。到了他祖父的时候，因为结仇太多，全家就迁到会稽钱塘县一带。到了钱塘以后，王充的祖父开始做些小买卖来维持生计。王充的伯父、父亲也任侠好斗，脾气暴躁，在当地又与一些豪族大户结下了怨仇，因此全家不得不迁到上虞以逃避仇家。王充天资聪明，青年时期就到当时的首都洛阳求学，拜大学者班彪为师。那时王充常常到洛阳的书市上看书，看了之后他就能过目不忘，这为他以后的学问奠定了良好的基础。回到家乡以后，王充靠教书来维持生活。期间当过当地的一些小官，但均因为与上司意见不合而辞官。到了晚年，朝廷曾征用王充，但他因为得病而没有去。王充晚年生活相当贫困，最终因病死于家中。

王充的主要思想保存在他所著的《论衡》一书中。《论衡》现有三十卷，八十五篇，其中《招致篇》有目无文，实存八十四篇。除《论衡》外，王充在自传中还提到过《讥俗》之书、《政务》之书和《养性》之书。但这些著作均已遗失，其内容具体如何，我们无从得知。现在我们仅能通过《论衡》这部书来了解王充的思想。

一、虚与实

王充作《论衡》一书的目的就是为了批判当时社会流行的各种虚妄之言。他说:"《诗》三百,一言以蔽之曰:思无邪。《论衡》篇以十数,亦一言也,曰:疾虚妄。"(《论衡·佚文篇》,以下只注篇名)又说:"故作实论,其文盛,其辩争,浮华虚伪之语,莫不澄定。"(《自纪篇》)从中可以看出,王充所作《论衡》的目的就是为了批判当时的"浮华虚伪之语"。

王充生活的年代,正是谶纬灾异等思想流行的时代。我们知道,自汉武帝罢黜百家,独尊儒术以后,儒家思想就成了封建社会的正统意识形态。在当时,流行的主要是今文经学。官方认可的也是今文经学。在汉武帝时,就立有五经博士。后来又增加到十四经博士。在今文经学流传的过程中,又产生了谶纬之学。谶是一种预测吉凶的神秘性的东西,如秦始皇时的"亡秦者胡也"就是一种谶。而纬则是与经相对应的。古代织布的横丝称作经,纵丝则称作纬。当时的人们认为,既然有经了,那么就应该有与之相应的纬。于是就造作了一大批纬书。经在当时有《周易》《诗经》《春秋》《尚书》《仪礼》《孝经》《论语》等七种,那么纬也应该有七种,即《易纬》《春秋纬》《诗纬》《书纬》《礼纬》《孝经纬》《论语纬》。总体来说,谶纬对今文经学的内容作了更为神秘、更为荒谬的发挥。在谶纬中,孔子被神化为教主,孔子的弟子被神化为教臣。孔子的形象稀奇古怪,同时也有着无所不能的能力。如《春秋演孔图》说,孔子的头像尼丘山,身长十尺,腰大九围,在端门受命,上帝派他为汉代刘家立法等等。这种近似神话的描述,实际上把具有人文性质的儒家拉到宗教一边,把儒家思想变成了一种极端粗俗的宗教神学。到东汉光武帝的时候,谶纬被宣布为国家宪法,很多国家大事都要靠谶纬来决定。

王充生活的时代就是这样的年代,当时的社会、政治、文化等各个方面都弥漫着很多乌烟瘴气的东西。王充的《论衡》就是在这种环境下诞生的。他说:

《论衡》之造也,起众书并失实,虚妄之言胜真美也。故虚妄之语不黜,则华文不见息;华文放流,则实事不见用。故《论衡》者,所以铨轻重之言,立真伪之平,非苟调文饰辞,为奇伟之观也。其本皆起人间有非,故尽思极心,以讥世俗。世俗之性,好奇怪之语,说虚妄之文。何则?实事不能快意,而华虚惊耳动心也。(《对作篇》)

《论衡》的目的就是为了批判当时的虚妄之言。在王充看来,当时各个地方都充斥着虚妄之言,以致真实之言都不被相信了。他认为,只有把虚妄之言批倒,真实之言才能见用。

按照"铨轻重之言,立真伪之平"的标准,王充对当时的虚妄之言作严厉而系统的批评。当时儒家认为,圣人不是从父母那里出生的,而是其母亲与天精相感应而生的。如大禹是他母亲吃了薏苡而生的,商祖先汤是他母亲吃了燕子蛋而生的,周祖先后稷则是他母亲踩了大人的脚印而生的。王充认为,这些说法都是荒诞不经的虚妄之言。他说,薏苡是草,燕蛋是鸟,大人脚印是土,这些都是有形的东西,而不是气。有形的东西怎么能生人呢?况且圣人禀的是上天的精微之气,所以能有过人之处。三代祖先的出生所依靠的东西,都不是精微之气,因此,是不能生出圣人的。王充认为,在天地之间,人是最贵重的,其他所有的物都是卑贱的。贵重的人怎么能从卑贱的物中生出呢?因此,儒家所说的圣人是其母亲感天精而生的说法是不能成立的。

在当时流行的儒家思想中,还有一种天人感应学说。这种学说认为,人间的政治与天上的变化有着相互感应的关系。如果人间政治符合上天的意志,那么上天就会降下祥瑞。反之,则会出现灾异。对于这种思想,王充也进行了深刻的批评。他说:

> 论灾异,谓古之人君为政失道,天用灾异谴告之也。灾异非一,复以寒温为之效。人君用刑非时则寒,施赏违节则温。天神谴告人君,犹人君责怒臣下也。……夫天道,自然也,无为。如谴告人,是有为,非自然也。黄、老之家,论说天道,得其实矣。(《谴告篇》)

当时儒者认为,灾异是上天对统治者政治不好的警告和惩罚。统治者政治的好坏能够影响到天气寒冷与温暖的变化。统治者的政治好,外界的气候就是温暖的。否则,外界的气候就是寒冷的。王充认为这种说法是十分荒谬的。他说,天道是自然无为的。如果谴告人,则天道就是有为的、不自然的了。黄老道家对于天道的理解,才是正确的。因此,谴告说是不能令人相信的。而且如果上天能够谴告统治者,那么它应该改变天气的变化以让统治者觉悟。即刑罚非时,天气应该是温暖的,因为刑气是寒冷的。没有按照时间赏赐,天气应该是寒冷的,因为赏气是温暖的。只有这样,才能让统治者觉悟到自己刑罚与赏赐的得当与否,否则,上天就不能起到谴告统治者的作用。

天人感应学说还认为统治者的喜怒能够影响到天气的寒冷与温暖,即统治者的高兴能够使气候变热,统治者的愤怒能够使气候变冷。王充对这种思想也进行了批判。他说，如果统治者的喜怒能够影响到外界气候的变化，那么他的喜怒首先应该引起他自己体温的变化。也就是说，在他高兴的时候，他自己的体温应该升高；在他愤怒的时候，他自己的体温应该下降。可是事实并非如此。胸中的气与外界的气并没有两样，既然统治者的喜怒不能引起他自己体内之气的变化，那么他怎么能够引起外界气候的变化呢？

当时与天人感应思想相近的还有善恶报应思想。这种思想认为如果人做好事，上天就会给其好处。反之，如果人做坏事，则上天就会降下灾祸。王充认为这不过是圣贤为了劝人为善而宣传的一种主张，实际上天地间并不存在什么善恶报应。

王充对当时流行的神仙、鬼妖、龙以及卜筮、择时、避岁等术数迷信也进行了批判。如王充认为当时传言的人能成仙的说法是不可信的。因为人属于物的一种，即便你再尊贵，也不能逃出这个范围。既然物不能成仙，那么人怎么能成仙呢？连有羽毛的鸟类都不能升天，何况人呢？又如王充对人死为鬼思想的批判。在王充看来，世间所说人死为鬼的说法，从物这方面来验证看是不能成立的。王充认为，人是属于物的，既然物死不能变成鬼，那么人怎么能变成鬼呢？王充还用烛火来比喻形神关系，认为精神必须依靠形体才能产生，世界上没有脱离形体而存在的精神。他说："形须气而成，气须形而知。天下无独燃之火，世间安得有无体独知之精？"（《论死篇》）

本着实事求是的态度，王充对于当时流行的虚而不实的说法都进行了深刻的批判。但批判虚妄之言并不是王充思想的最终目的。有破还必须有立，在批判虚妄之言的同时，王充还要建立起一个"实"的世界，这就是他的"元气"为本的宇宙观。

自董仲舒"独尊儒术"以后，儒家就形成了一套神学目的论的思想体系。在这种思想中，天被看成最高的神，是宇宙万物的最高主宰。宇宙间的一切皆由上天决定。针对这种思想，王充提出天道自然无为的思想。王充认为，天并不是宇宙间的最高神，它不过由气组成的自然界，其特性是自然无为。在这种思想指导下，他对儒家"天地故生人"的思想进行了批判，他说：

儒者论曰："天地故生人。"此言妄也。夫天地合气，人偶自生也，犹夫妇合气，子则自生也。夫妇合气，非当时欲得子，情欲动而合，合而生子矣。且夫妇不故生子，以知天地不故生人也。然则人生于天地也，犹鱼之

於渊,虮虱之于人也。因气而生,种类相产,万物生天地之间,皆一实也。(《物势篇》)

所谓"天地故生人",就是认为人是由上天有意识的创造出来的。王充认为,这种说法是很虚妄的。在他看来,人并非上天故意创造出来的,而是天地之间的气相互交合而偶然产生出来的,这就像孩子是由父母的气相互交合生出来一样。人生在天地之间,就如同鱼儿在水中、虱子在人身上一样,都是种类之间因气相感而偶然生出来的。因此,上天是不能有意识生出人来的,人不过是天地之气偶然作用的结果。

因为反对虚妄,提倡实际,所以在认识论上王充也主张客观事实是检验认识正确与否的标准。他说:"凡论事者,违实不引效验,则虽甘义繁说,众不见信。"(《知实篇》)意思是说,讨论事情,如果不用客观事实来检验,那么说的再好听也不会得到大家的相信。这里说的与客观事实相符合,并不是仅仅通过感官来检验。在王充看来,感官感觉到的东西,并不一定就是正确的。因此,他主张感官得来的东西还必须经过内心的检验。

二、性与命

人性问题一直是中国古代思想家讨论的重要问题。在王充之前,关于人性的理论大概有性善论、性恶论、性善恶混论、性善情恶论等。对于这些理论,王充都进行了评价。孟子认为人性是善的,后来的不善是由于外物的扰乱而造成的。王充认为孟子的说法是不切合实际的,因为这无法解释很多人一生下来就有的不善之性。荀子认为人性是恶的,其善是后来人为勉强做成的。王充认为荀子的理论同样未得其实,因为其无法解答很多人一生下来就有的善性。与孟子同时的告子认为,人性是没有善恶之分的,就像水不分东西一样。王充认为,告子讲的只是中人之性,其缺点是不能解释极善极恶之人是如何形成的。在王充看来,极善极恶是不能通过后天的学习来改变的,因此告子的说法也是不正确的。汉代的思想家董仲舒提出性善情恶的理论,认为天有阴阳,人有性情。性是生于阳的,情是出于阴的,阳善阴恶,因此,人的性是善的,情是恶的。王充认为这种说法同样是片面的,因为既然人的性情同样都出于阴阳,那么何以性能够纯善呢?王充还分析了陆贾、刘向等人的人性论，认为它们都是不符合实际的。

在分析了各家的人性论后，王充提出了自己的观点：

> 自孟子以下，至刘子政，鸿儒博生，闻见多矣。然而论情性竟无定是。唯世硕、公孙尼子之徒，颇得其正。……实者，人性有善有恶，犹人才有高有下也，高不可下，下不可高。谓性无善恶，是谓人才无高下也。禀性受命，同一实也。命有贵贱，性有善恶。谓性无善恶，是谓人命无贵贱也。（《本性篇》）

在王充看来，从孟子到刘向，关于人性有着各种各样的理论，没有一个公认的看法。他认为，在这些看法中，只有人性善恶混的观点是最正确的。人性有善有恶，就像人的才能有高有下、人的命运有贵有贱一样。如果说人性没有善恶之分，就相当于否定人的才能有高下之别、命运有贵贱之异。

王充虽然认为人性天生就有善恶的不同，但他同时又承认后天的学习、环境对人性的改变有着重要的作用。他说："人之性，善可变为恶，恶可变为善，犹此类也。逢生麻间，不扶自直；白纱入缁，不练自黑。彼蓬之性不直，纱之质不黑，麻扶缁染，使之直黑。夫人之性犹蓬纱也，在所渐染而善恶变矣。"（《率性篇》）这是说，人性可以随着后天的环境而改变。这实际上与他说的人性天定的观点是相矛盾的。

在王充思想中，与"性"相关的还有"命"的思想。王充认为，人的性和命在他出生之时就被决定了。他说："命，谓初所禀得而生也。人生受命，则受性矣。"（《初禀篇》）虽然性、命在人出生时同时而有，但二者是不同的，因此性善未必命吉，性恶也未必命凶。

王充认为，人的生死祸福、富贵贫贱等都是由命决定的。在他看来，命有两种类型：一种是"所当触值之命"，一种是"强弱寿夭之命"。前者具有偶然性，是不可预测的命。后者则具有必然性，是由其出生时所禀受的气决定的。如果禀受的气厚了，那么他身体就强壮，活的寿命也就长。反之，如果禀受的气薄了，那么他身体就弱小，活的寿命也就短。

王充认为，人的命在娘胎中就由他所禀受气的多少厚薄决定了。也就是说，在一个人出生之前，他的命运就被预先决定了。王充说：

> 凡人遇偶及遭累害，皆由命也。有死生寿夭之命，亦有贵贱贫富之

命。自王公逮庶人,圣贤及下愚,凡有首目之类,含血之属,莫不有命。命当贫贱,虽富贵之,犹涉祸患矣。命当富贵,虽贫贱之,犹逢福善矣。故命贵从贱地自达,命贱从富位自危。故夫富贵若有神助,贫贱若有鬼祸。(《命禄篇》)

这就说,人的死生存亡、富贵贫贱等皆由命决定。命当贫贱,虽然让他富贵,他也会遭到祸患。命当富贵,虽然令其贫贱,他也会遇到善事。

王充虽然认为人的一切皆由命定,但同时他又说人的一生的事情都是出于偶然的。因此,在《论衡》中他大量的谈论"时""遇""幸""偶"等问题。他说:

凡人操行,有贤有愚,及遭祸福,有幸有不幸。举事有是有非,及触赏罚,有偶有不偶。并时遭兵,隐者不中;同日被霜,蔽者不伤。中伤未必恶,隐蔽未必善。隐蔽幸,中伤不幸。俱欲纳忠,或赏或罚;并欲有益,或信或疑。赏而信者未必真,罚而疑者未必伪。赏信者偶,罚疑不偶也。(《幸偶篇》)

人的操行,有贤有愚,但其所带来的后果却有幸有不幸。人所做事情有对有错,但其结果是赏是罚却有偶有不偶。这就是说,人的行为所造成的后果完全具有偶然性,幸运与不幸运都是偶然的。因此,他说才能优秀、品德高尚并不能保证其必然尊贵。反之,才能低下、品德恶劣也不必然卑贱。

王充所讨论的问题,实际上涉及了哲学上必然性与偶然性关系的问题。他一方面认为人的一切在其出生时就被决定了,但另一方面又认为人的很多事情具有偶然性,二者显然是相互矛盾的,说明这个问题在王充那里并没有真正的解决。

三、古与今

在历史观上,王充认为历史是进步的,竭力反对今不如古的思想。当时一般人多认为历史是退化的,今是不如古的。这种思想在王充之前占有极大的势力,当时无论道家还是儒家都持类似的观点。

在道家看来,历史是不断退化的。老子说:"失道而后德,失德而后仁,失仁而后义,失义而后礼。夫礼者,忠信之薄而乱之首。"(三十八章)在老子看来,道是最高的,下来是德、仁、义,最后才是礼。老子虽然没有明确用这种思想解释历史,但其中已经含有一种退化的历史观思想。后来庄子也认为人类历史是一个退化的过程。他认为，混芒之时是最好的，万物皆处于和谐之中，他称之为"至一"。至燧人、伏羲时，仅能"顺而不一"。神农时，则是"安而不顺"。唐、虞之时，淳朴散尽，人性从于心，文灭质，从而使民惑乱而不能复其初。因此，"德"呈现出一个不断下降的现象。

儒家虽然不否定仁义等道德价值，但也认为历史是一个退化的过程。孔子对于尧、舜、禹等人都很推崇，如《论语·泰伯》说："巍巍乎！舜禹之有天下也，而不与焉"，"大哉尧之为君也！巍巍乎！唯天为大，唯尧则之。荡荡乎！民无能名焉"。孟子则明确提出"五霸不如三王"的观点。《告子下》说："五霸者，三王之罪人也；今之诸侯，五霸之罪人也；今之大夫，今之诸侯之罪人也。……五霸者，搂诸侯以伐诸侯也。故曰：五霸者，三王之罪人也。"虽然孟子的着眼点与道家不同，但同样认为历史是退化的，因为儒家所强调的尊卑秩序越来越遭到破坏。

在王充的时代，当时人的颂古非今的倾向更为严重。王充说：

> 述事者好高古而下今，贵所闻而贱所见。辩士则谈其久者，文人则著其远者。近有奇而辨不称，今有异而笔不记。……比喻之征，上则求虞、夏，下则索殷、周。秦、汉之际，功奇行殊，犹以为后。又况当今在百代下，言事者目亲见之乎！（《齐世篇》）

当时人们谈论事情都推崇古代，贬低当时，认为时代越久，社会越好，因此，对于当时的奇异之事都认为不值一提。

对于这种思想，王充进行了批判。他认为汉代不是不如古代，而且是远远超过古代。他说：

> 古之戎狄，今为中国。古之裸人，今被朝服。古之露首，今冠章甫。古之跣跗，今履商舄。以盘石为沃田，以桀暴为良民，夷坎坷为平均，化不宾为齐民，非太平而何？（《宣汉篇》）

> 上世何以质朴？下世何以文薄？彼见上世之民，饮血茹毛，无五谷之食，后世穿地为井，耕土种谷，饮井食粟，有水火之调。又见上古岩居穴处，衣禽兽之皮，后世易以宫室，有布帛之饰。则谓上世质朴，下世文薄矣。（《齐世篇》）

这是说，随着时代的发展，人类的物质文明和精神文明都变得越来越好。因此，汉代大大地超过其以前的朝代。他认为这是历史事实，并非自己生在汉代而说的媚俗之言。在王充看来,既然汉代这么伟大,那么它就需要歌颂。他的《论衡》就要担负起这个责任。他说:"《春秋》为汉制法,《论衡》为汉平说。"(《须颂篇》)

王充虽然认为今胜于古,但他认为国家的治乱与统治者的治理无关,都是先天决定的,这就是他所说的"国命"。如果国家命当衰乱,那么即使有圣人也不能让它昌盛。反之,如果国家命当昌盛,那么有再多的恶人也不能使其衰乱。因此,"世之治乱,在时不在政;国之安危,在数不在教。贤不贤之君,明不明之政,无能损益。"(《治期篇》)这实际上就陷入了唯心主义宿命论。

王充生活的年代,正是儒家神秘主义思想流行的时代。以董仲舒为代表的今文经学鼓吹天人感应、阴阳灾异思想,使得儒家思想变得乌烟瘴气。到了西汉末年,谶纬思想流行,使得儒家思想变得更加荒谬可笑。东汉光武帝定谶纬为国家宪法,很多国家大事都由谶纬决定,当时的社会处处都弥漫着这种荒唐可笑的思想。在这种条件下,王充高举"疾虚妄"的大旗,有力地批判了这种神秘主义思想,从而保证了儒家人文主义的特质,对日后中国文化的形成也起了非常重要的作用。

王充与浙江精神

张宏敏 （浙江省社会科学院哲学所、浙学研究中心）

引 言

"问渠那得清如许,为有源头活水来"。源远流长的浙江精神,始终流淌在浙江人民的血脉里,形成了代代相传的文化基因。如果说浙江精神就是浙江人民的文化基因,那么作为浙江学术思想代名词的"浙学",无疑就是浙江精神的"源头活水"。浙江上虞籍的汉代学者王充,是浙江历史上第一位真正意义上思想家,被当今学者奉为"浙学的开山之祖",并著有不朽的浙学名著——《论衡》。作为"浙学的开山之祖"的王充,其学术精神中又有哪些内涵,可以用来丰富与发展"与时俱进的浙江精神"呢?

一、"知屋漏者在宇下,知政失者在草野"的民本思想

历史上的浙学家大都信奉儒学,所以说孔孟儒家倡导的"以人为本""民本仁政"理念,深深地扎根于他们的内心世界。"以民为本"的政治观要求各级施政者要以人为本、注重民生、勤政爱民、保民利民、藏富于民。

王充《论衡·书解》中有"知屋漏者在宇下,知政失者在草野"的民本思想。王充的这句话启示着为政者要走出庙堂,到草野和江湖中去观察、听取意见。2016年4月19日,习近平主持召开"网络安全和信息化工作座谈会"上发表重要讲话时,就

引用了"知屋漏者在宇下,知政失者在草野"这句话:

　　古人说:"知屋漏者在宇下,知政失者在草野。"很多网民称自己为"草根",那网络就是现在的一个"草野"。网民来自老百姓,老百姓上了网,民意也就上了网。群众在哪儿,我们的领导干部就要到哪儿去,不然怎么联系群众呢?各级党政机关和领导干部要学会通过网络走群众路线,经常上网看看,潜潜水、聊聊天、发发声,了解群众所思所愿,收集好想法好建议,积极回应网民关切、解疑释惑。善于运用网络了解民意、开展工作,是新形势下领导干部做好工作的基本功。①

　　王充的这句话启示着为政者要走出庙堂,到草野和江湖中去观察、听取意见。2013年7月11日,习近平在河北调研指导党的群众路线教育实践活动时的讲话中,也曾引用王充的"知屋漏者在宇下,知政失者在草野"这句古话,②要求"把开门搞活动作为重要方法",进而指出:党的群众路线教育实践活动全过程,我们都要深入群众开展工作,虚心听取群众意见,自觉接受群众监督,主动请群众评判,引导群众帮助党员、干部查摆问题,监督党员、干部实施整改,形成党内外良性互动。这次,群众提意见是往意见箱里投,不署名,所以就可能直截了当、尖锐一点,这样有助于我们更全面、更透彻地了解自身存在的问题。

　　2014年10月8日,在党的群众路线教育实践活动总结大会上的讲话中,习近平再次引用"知屋漏者在宇下,知政失者在草野",指出:让群众满意是我们党做好一切工作的价值取向和根本标准,群众意见是一把最好的尺子。这次(党的群众路线教育实践)活动在坚持自我教育为主的同时,注重强化外力推动,坚持真开门、开大门,让群众参与,让群众监督,诚恳请群众评判。我们加强舆论监督,注重对比宣传,既发挥先进典型示范引领作用,又发挥反面典型警示震慑作用。实践证明,集中教育活动必须打开大门、依靠群众,让群众来监督和评判,才能做到不虚不空不偏。③

　　王充之后,浙江籍其他思想家也大都重视"民本"理念之于封建社会国家治理的重要性。比如,于谦《咏煤炭》诗"但愿苍生俱饱暖,不辞辛苦出山林",抒发了诗

---

① 习近平.习近平谈治国理政[M].北京:外文出版社,2017:335-336.
② 申孟哲.习得:习近平引用的古典名句·民本篇.人民日报·海外版,2014.
③ 习近平:《在党的群众路线教育实践活动总结大会上的讲话》,新华网,2014年10月8日。

人甘为国家鞠躬尽瘁、死而后已的抱负和情怀。王阳明依据《古本大学》，提倡"明德亲民"的为政之道："明明德必在于亲民，而亲民乃所以明其明德也。"黄宗羲著《明夷待访录》把社会治乱评价的立足点，从一姓王朝的兴亡转变为天下万民的忧乐："盖天下之治乱，不在一姓之兴亡，而在万民之忧乐。"2006年3月28日，习近平同志在《致黄宗羲民本思想国际学术研讨会的贺信》中指出："黄宗羲是我国明清之际杰出的思想家、史学家、文学家和教育家，是浙江历史上的文化伟人。他所具有的民主启蒙性质的民本思想，在中国思想文化史上产生了很大影响。"

万斯大在《周官辨非·天官》中云："圣人之治天下，利民之事，丝发必兴；厉民之事，毫末必去"，是说儒家圣人治理天下所用之道，但凡是于民有利之事，一丝一发也要推行；于民有害之事，一毫一末也要革除。2014年1月20日，习近平总书记在群众路线教育实践活动第一批总结暨第二批部署会上的讲话中，就引用了万斯同的"利民之事，丝发必兴；厉民之事，毫末必去"，意在于告诫党员干部，不要放过与群众有关的任何细节。每一分错误，在群众那里都会加倍负担；每一分改进，也都会具备乘数效应。

当前，浙江省各级党政机关顺应新时代的发展要求、回应人民群众的期盼，在"四张清单一张网"改革基础上，推行"最多跑一次"改革，推进"互联网+政务服务"，让人民群众共享"放管服"改革的实惠与成果。而"最多跑一次"改革所彰显的以人民为中心的发展理念，无疑是对历史上浙学家倡导的"以民为本""明德亲民"的传统政治观的创造性转化与创新性发展。

二、"实事疾妄"的求是、批判精神

历史上的浙江思想家，大多具有批判的精神并献身于追求真理的学术事业。与《中国哲学史》教科书把王充的学术宗旨概括为"疾虚妄"不同，当代浙学研究专家吴光教授把王充的学术宗旨、根本特点概括为"实事疾妄"。[①]王充在《论衡·对作篇》中强调自己的写作宗旨是："《论衡》实事疾妄，无诽谤之辞"。王充所处的东汉时代各种经书传文荒唐失真，混淆与蒙蔽了历史与现实的真相，各种华文虚言制造了

---

① 吴光.王充学说的根本特点：实事疾妄.学术月刊，1983(6).

迷信,颠倒了是非曲直,迷乱了世俗人心,当政者遭蔽遇惑,不懂治国理政之道。有感于时乱心迷的社会混乱状况,王充提出了"实事疾妄"论。"实事疾妄"包括两个基本方面的含义:"实事"是立的方面,也就是"定真是";"疾妄"是破的方面,是"疾虚妄"。所谓"实事疾妄",就是坚持实事求是、批判虚妄迷信,所体现的是一种求实、批判的精神。[①]

习近平在《与时俱进的浙江精神》《浙江文化研究工程成果文库总序》中,特别提道:"王充、王阳阳的批判、自觉","展示了浙江深厚的文化底蕴,凝聚了浙江人民求真务实的创造精神"[②]。王充的这种批判精神,在后来的浙江思想家如陈亮、叶适、王阳明、黄宗羲、毛奇龄、龚自珍身上,表现得尤其突出。陈亮、叶适提倡"务实不务虚"的"事功之学"、经世济民的"经制之学",因反对理学家空谈道德性命,为求学术之真而同朱熹展开了一场场的学术论辩。王阳明发扬"心"的主体性,"不以孔子之是非为是非",在批判继承先秦儒学、程朱理学的前提下,提出了"亲民""知行合一""致良知"等学术新命题。

黄宗羲通过对封建君主专制制度的批判,提出了"天下为主君为客""有法治而后有治人"等一系列具有鲜明启蒙性质和民主色彩的思想,比卢梭《社会契约论》启蒙思想早了将近一百年,被梁启超称为"人类文化之一高贵产品"。与黄宗羲同时代的毛奇龄,不拘成说,著《四书改错》,向理学权威朱熹的《四书集注》挑战,这何尝不是一种追求真理、献身学术的精神。

"实"之一字,可谓浙江精神的"一以贯之"之道。"十六字"浙江精神表述语中的"讲求实效","十二字"浙江精神表述语中的"求真务实",以及习近平总书记对浙江新期望中的"干在实处永无止境",均有一个"实"字。而"实学"也是浙学的代名词,且不说在观念意义上,王充以"实事疾妄"作为学术宗旨,南宋浙学的称谓就是"事功学",王阳明推崇"事上磨炼"的为学工夫;在理论创造上,沈括博学多识、精研深究,其《梦溪笔谈》更是遍及天文、数学、物理、化学、地学、生物、冶金、机械等各方

---

① 吴光.浙学的时代价值.浙江日报,2017.
② 习近平.与时俱进的浙江精神:与时俱进的浙江精神.杭州:浙江人民出版社,2005:2.
习近平.浙江文化研究工程概览(一):浙江文化研究工程成果文库总序.北京:研究出版社,2006:2.

面,体现了我国古代自然科学的辉煌成就,并有"中国科学史上的里程碑"之誉,沈括也因此被称为"中国整部科学史中最卓越的人物"。

在中国思想史上,浙江学者更是"明清之际实学思潮"形成的重要推手。朱舜水的提倡"实理实学",认为"学问之道,贵在实行","圣贤之学,俱在践履"。黄宗羲以兵法、历算、医学、测望、火器、乐律的"绝学"取代"科举之学",主张"通经致用""经世应务"的治学宗旨,讲求实体、实用、实效、实行之实学,还提出"事功出于道,道达至事功"的命题,进一步发扬了南宋以来的"学问"与"事功"合一的浙学传统。张履祥以"治生"为目的的"经济之学",毛奇龄崇尚"事功"反对"以空言说经",陆陇其"求之虚不若求之实""实行必由乎实学"的言说,皆是"明清之际实学思潮"的经典之论。

浙学中不仅有丰富的实学理论,还不乏实学、实干的践行者,"精忠报国"的岳飞,"忠心义烈,与日月争光"的于谦,"终明之世,文臣用兵制胜,未有如守仁者也"的王阳明,还有"鉴湖女侠"秋瑾、"有学问的革命家"章太炎,皆是历史上两浙儿女中"实干家"的代表人物。清末杭州知府林启有志于讲求"新学",创办新式高等学校,名曰"求是书院";求是书院的创办即孕育着"求是精神",而后易名为求是大学堂、浙江大学堂等,以至今日的浙江大学仍以"求是"作为校训表述语之一,而"求是精神"则是浙江大学的光荣传统与精神瑰宝。

简而言之,"实学"就是浙江精神的哲学基础。秉持"求真务实"的浙江精神,"干在实处永无止境,走在前列要谋新篇",无疑需要继续坚持"求真务实"的真理观,传承与弘扬历史上浙学家崇尚事功、追求真理的求是精神。

三、"事有证验,以效实然"的认识论

中国哲学史上的认识论的问题,多与知、行关系联系在一起。因为中国哲学范畴中的"知"与"行",既属于认识论的范畴,也属于工夫论即道德修养、实践哲学的范畴。关于知行关系的表述,主要有《尚书》中的"知易行难"、《孙文学说》中的"知难行易",朱熹的"论先后,当以致知为先;论轻重,当以力行为重",以及毛泽东《实践论》中的"辩证唯物论的知行统一观"。

历史上浙学家对知、行关系的探讨,以王充为最早。王充以"效验"论驳斥先验论,认为所有人都是"学而知之"的,即便是圣人也不能"神而先知"或"生而知之";知识的真伪必须通过事实的检验才能证实,即所谓"事有证验,以效实然",但他对知行关系尚无深论。①

王充的认识论,还体现在《论衡·别通》篇中的"涉浅水者见虾,其颇深者察鱼鳖,其尤甚者观蛟龙。"意思是,涉足浅水的人只能见到虾子,进入较深水域的人能见到鱼鳖,潜入深渊的人能看见蛟龙。王充把涉水分为"浅水""颇深""尤甚"三个层次,而所见之物愈深愈奇,愈深愈贵。2016年2月19日,习近平在党的新闻舆论工作座谈会上的讲话中,引用了"涉浅水者见虾,其颇深者察鱼鳖,其尤甚者观蛟龙"这句话,寄望于每一位编辑记者都能拥有一双发现的眼睛——善于观察、善于发现、善于判断、善于辨别。新闻舆论的活力在于发现,眼里就是发现力。②

此外,《论衡·实知》篇有云:"人才有高下,知物由学。"这是说,人无论生来如何,尽管他们性情有差异,才智有高下,能力有大小,但"知物由学",别无他途。2016年4月26日,习近平在知识分子、劳动模范、青年代表座谈会上的讲话中,援引了王充《论衡》中"人才有高下,知物由学"的说法,语重心长地教导广大青年:"人生的黄金时期在青年。青年时期学识基础厚实不厚实,影响甚至决定自己的一生。广大青年要如饥似渴、孜孜不倦学习,既多读有字之书,也多读无字之书,注重学习人生经验和社会知识。"

自王充之后,历史上的浙学家围绕认识与实践、知与行的关系又有不少经典的论述。比如,陆游的诗歌"纸上得来终觉浅,绝知此事要躬行",是说从书本上得来的知识是不够完善的,如果想要深入理解其中的道理,必须要亲自实践才行。2016年4月26日,习近平总书记在安徽调研时在知识分子、劳动模范、青年代表座谈会上的讲话中,引述"纸上得来终觉浅,绝知此事要躬行"寄语广大青年:"广大青年要如饥似渴、孜孜不倦学习,既多读有字之书,也多读无字之书,注重学习人生经验和社会知识。'纸上得来终觉浅,绝知此事要躬行。'所有知识要转化为能力,都必须躬身实践。要坚持知行合一,注重在实践中学真知、悟真谛、加强磨炼、增长本领。"

---

① 吴光.王充"效验论"浅析.社会科学研究,1980.
② 人民日报评论部.习近平用典(第二辑)[M].北京:人民日报出版社,2018:121.

刘基《拟连珠》有云："物有甘苦，尝之者识；道有夷险，履之者知。"大意是说：东西有甜味、苦味，尝过的人能辨别；道路有平坦和崎岖，走过的人会知道。比喻凡事经过实践以后，才能得出结论，正如毛主席在《实践论》中所说的"要想知道梨子的滋味，就要亲口尝一尝"。王阳明针对朱熹"论先后，当以致知为先"的看法，提出了"知行合一"的新命题："知者行之始，行者知之成。""知之真切笃实处即是行，行之明觉精察处即是知。"在王阳明看来，认识论意义上的"知"与"行"同步发生，认知与实践的过程就是"即知即行"的无间断的连续发生体；作为道德修养即工夫论意义上的"知""行"，便是阳明心学核心命题"致良知"的拆分、合并与组合，"知"就是"良知"，"行"则是"致"。黄宗羲作为阳明心学的终结者，认为"'致'字即是'行'字"，提出了"圣人教人只是一个行"的新命题。

近年来，王阳明的"知行合一"说为习近平总书记所提倡与发挥。2014年1月，习近平在中央党的群众路线教育实践活动第一批总结暨第二批部署会议上说："知是基础、是前提，行是重点、是关键，必须以知促行、以行促知，做到知行合一。"2014年5月4日，习近平在考察北京大学时勉励当代大学生："道不可坐论，德不能空谈。于实处用力，从知行合一上下功夫，核心价值观才能内化为人们的精神追求，外化为人们的自觉行动。"2018年5月2日，习近平在北京大学师生座谈会上的讲话中，再次希望广大青年："要力行，知行合一，做实干家。'纸上得来终觉浅，绝知此事要躬行。'学到的东西，不能停留在书本上，不能只装在脑袋里，而应该落实到行动上，做到知行合一、以知促行、以行求知，正所谓'知者行之始，行者知之成'。"总书记这里所说的"从知行合一上下功夫"，就是从认识论、工夫论意义上来理解"知行合一"，思想观念只有落实为具体行动，达到知行合一，才能真正凸显价值。

浙江文化史上孕育出的求真务实、知行合一、经世致用等思想，在今天又形成了"干在实处、走在前列、勇立潮头"的新时代浙江精神。今天的我们，聚焦使命担当，大力传承红船精神、秉持浙江精神，就是要做知行合一的实干家，在新时代开出一片新天地、干出一番大事业。

四、"凡贵通者,贵其能用之也"的学术观

学以致用,作为一种实用主义的学术观,但不等于低水平倾向的学术观,更不能归为功利主义的学术观。浙江历代思想家的学术观,都有"学以致用"的倾向性。王充《论衡·超奇》篇有云:"凡贵通者,贵其能用之也。"大意是,凡是重视融通的人,可贵之处在于看重运用所学的知识。2016年5月17日,习近平在哲学社会科学工作座谈会上的讲话中,引述了"凡贵通者,贵其能用之也",意在强调"坚持以马克思主义为指导,最终要落实到怎么用上来。"如何"用"?他进而指出:"把坚持马克思主义和发展马克思主义统一起来,结合新的实践不断做出新的理论创造,这是马克思主义永葆生机活力的奥妙所在。"[①]

王充的"凡贵通者,贵其能用之也"的学术观,直接影响到了后世的浙学家。比如,南宋永嘉学派继承发展了传统儒学中"外王"和"经世"的一面,使儒学不至于完全陷入纯是讲求个人道德的心性修养,从而成为南宋儒学的一个重要补充。唐仲友的经制之学,以经义立治术,旨在经世致用,故其学问都能与关乎国计民生的政事相关联;全祖望补修《宋元学案》特立"说斋学案"的原因,就在于唐仲友的经制之学"皆有关经世之学"。

朱舜水在主张"日用躬行即是学""躬行之外无学问"的同时,提出了"读史之有益于治理"的通经致用的学术观。黄宗羲提倡力行哲学,以"儒者之学,经纬天地"为立言宗旨,反对前儒"此亦一述朱,彼亦一述朱"的学术趋同,发出了"以水济水,岂是学问"的拷问,进而提倡"学贵履践,经世致用"的自得之学,还提出了"经术所以经世,方不为迂儒之学"的学术观。章学诚有"史学所以经世"的言论,以"切于人事"为判断标准,认为学问如果无益于社会,"虽即精能",亦无价值。简言之,历史上浙学家的治学经历与学术成就明显具有"学以致用""经世致用"的色彩,正是儒家的积极济世之道的体现。

浙江精神的提炼总结与丰富完善,既是对改革开放以来创业富民、创新强省的当代社会发展史的总结,又是对代代相传的浙江优秀传统文化的梳理。而历代浙学家所倡导与实践的"学以致用"学术观,则可以为新时代浙江精神的丰富与完善,提供一种有益的学术指导。

[①] 习近平:《在哲学社会科学工作座谈会上的讲话》,新华网,2016年5月18日。

五、"贤不贤,才也;遇不遇,时也"的人才观

为政之要,首在得人;得人者昌,失人者亡。古今中外,皆是如此。浙江历史上的思想家,大都明白并强调"人才"对于成就事业,尤其对于治国理政的重要性。王充《论衡》开篇第一句话就是:"操行有常贤,仕宦无常遇。贤不贤,才也;遇不遇,时也。"这句话的意思是,操行,有一贯优良的;而做官,却没有总是被赏识和重用的。人品好不好,是才能和操行问题;而被不被重用,是时运问题。好的才能与好的时机的统一,方是优秀人才脱颖而出的途径;而识才之才,即独具慧眼的"伯乐",乃是发现人才的关键所在。

王充的"贤不贤,才也;遇不遇,时也"的人才观,在浙江学术思想上也有类似的表述。比曰,刘基在《拟连珠》文中提出了"任人之长,唯才是举"的人才观。在刘基看来,胸怀大抱负、欲有大作为的栋梁之材,必须选择、投奔适合施展自己才华的场所与事业,"志大业者,必择所任;抱大器者,必则所投"。与此同时,使用人才要用人之长、用人之专,"物无全才,适用为可;材无弃用,择可惟长",这就是"物尽其用、人尽其才"的道理之所在。

黄宗羲在《明夷待访录·取士篇》中批判了科举八股取士制度的弊端,认为科举制度是对人才的约束。通观历史上的"取士"之法,古代是"宽取严用",而今(指:明代)是"严取宽用"。"宽取严用",贤能之士才不会被遗漏,任用者也不敢疏忽大意。基于历史的经验教训(类似于永嘉"经制之学"的提法),黄宗羲提出了八种选拔人才的方法:"有科举,有荐举,有太学,有任子,有郡邑佐,有辟召,有绝学,有上书。"黄宗羲的"取士八法"集中反映了人才铨选与培养相结合,重视人才的真才实学并量才授任,强调采用多种途径来选拔人才,对人才等级评定需严加考核等主张,这在中国古代政制思想史上是一个了不起的人才思想成果,值得我们认真研究。

龚自珍面对清王朝渐趋崩溃、国家内忧外患的残酷现状,在《明良论三》一文中,对清朝政府推行的"论资升迁""论资排辈"的选官用人制度予以批判,并在《己亥杂诗》中发出了"我劝天公重抖擞,不拘一格降人才"的呐喊,主张建立开放灵活的选人用人机制,让优秀人才脱颖而出、受到重用,言辞之中表达了对国家民族前途的深切忧思和变革社会的强烈愿望。这就不难发现,从王充、刘基、黄宗羲,再到

龚自珍,浙江古代思想家所持有的选贤任能的人才观,可谓一脉相承,又一以贯之。

今天,建设"六个浙江""四个强省"(其中有"人才强省")、实现"两个高水平"奋斗目标,必须高水平建设人才强省,最大限度激发人才活力,把各方面优秀人才集聚到经济社会发展各项事业中来。"高水平建设人才强省"也需要向古人借智慧,学习并借鉴传统浙学中"不拘一格降人才"的人才观,则是有一定的现实意义。

结 语

源远流长的浙江文化,是中华文明的重要组成部分;博大精深的浙江文化精神,是浙江人永不褪色的"精神名片"。与时俱进的浙江精神一方面源于改革开放的生动实践,另一方面则来源于浙江深厚的传统文化,它是浙江历史文化从传统到现代转型的创造性转化与创新性发展。

习近平在《与时俱进的浙江精神》一文中说:"浙江精神得以凝练成了以人为本、注重民生的观念,求真务实、主体自觉的理性,兼容并蓄、创业创新的胸襟,人我共生、天人合一的情怀,讲义守信、义利并举的品行,刚健正直、坚贞不屈的气节和卧薪尝胆、发愤图强的志向。"如果拿这些观念、理性、胸襟、情怀、品行、气节和志向,去比照一下"浙学开山之祖"王充的"知屋漏者在宇下,知政失者在草野"的民本思想、"实事疾妄"的求是批判精神、"事有证验,以效实然"的认识论、"凡贵通者,贵其能用之也"的学术观、"贤不贤,才也;遇不遇,时也"的人才观,不难发现,王充的学术思想可谓是"求真务实、诚信和谐、开放图强"的与时俱进的浙江精神"源头活水"之一。在浙江加快推进"两个高水平"建设的今天,只有让这源头活水畅流于我们的实践中,才能不断滋润我们的生命,进一步开拓我们的美好未来。

论王充思想文化精神的内涵
——为纪念王充诞辰1990年而作

徐 斌

摘 要:王充治学以儒家为根基,但他善于打通各家学说,并吸纳新的知识成果,创立新说,通过自由思想的独立精神、"事实判断"的思维方式、求索创新的治学风格和"实事疾妄"的思想成果等四个层面,成就了一种难能可贵的思想文化精神,这种精神的传播,不单局限于学术学人领域,还以学术精神为内核外延至百姓生活之中,对塑造大众的认知方式、价值观念、行为准则及风俗习惯等方面,形成持久的影响与引导。这是王充有别于许多主流学术思想家的一个重要特征。

关键词:学术根基 理论创新 思想文化精神

王充作为儒学发展史上有着深远影响的名硕通儒,却在儒学史上长期存在"身份"认同问题,多数观点认为,王充虽然博涉多通,治学之路颇显奇异,但从他的学术传承、治学志向和思考方式看,仍不脱儒家基本框架,可视为儒学发展中别具一格的一支。但也有不少人认为,王充的学说,偏离汉学主旨,俗而芜杂,且有问孔刺孟之言,已脱离儒家主流,当归为另类、杂家。

在我看来,以上两种观点皆有其道理和依据,而王充恰恰是把上述两种表现统一在自己身上的,广泛、丰富、多样的思想内容在《论衡》中是共融的、互补的,形成学说的复合结构。这点确与讲究传承的主流儒学有所不同,正是认识王充地位与价值的重要基点。与历史上的大多数学问家不同,王充的学说当之无愧地成就为一种思想文化精神,并且这种精神的影响与传承,不单局限于学术学人领域,还直接或间接地播扬于民间的思想文化之中。这让王充超越儒学成为世界思想史上著名的无神论者和伟大的思想家。

一、儒者所怀 独已重矣

王充的治学以儒家为根基,终生矢志于继承、弘扬孔子之道,他深入探寻汉儒学说的宇宙生成和天人关系问题,思考并发展儒家的德治主义,孝道思想,成就斐然。但王充同时感到,面对社会上和思想界出现的许多新问题和复杂情况,仅仅遵守儒学难以给出完满回答,甚至于有的地方,"世儒"的陋见陈说本身就有问题,误导舆论,构成世人认识真理的障碍。一个真正的儒者对此不能视而不见,随波逐流,有必要开阔视野,汲取道、法、刑名、墨、兵、农等多家思想资源,在广博深厚的知识和学理基础上,做出更为合理、准确的解答,他在《论衡·效力》篇中表达了这种情怀:"儒者所怀,独已重矣,志所欲至,独已远矣"。由此,王充的思想又出现了超越儒家或曰逸出儒家之处,主要表现在三个方面。

其一,"尽知万物之性,毕睹千道之要。"汉儒阅读世界的视角比较机械、单一,即循先圣目光,经典思路,拘泥于书本知识。王充认为,读书如果仅限于一经或数径,那是可怜又可悲的,就跟聋子、瞎子差不多,"其为闭暗甚矣!此则土木之人,耳目俱足,无闻见也。"(《论衡·别通》)要深入思考学术,全面认识世界,必须把眼界放大到一切已知和未知的范围之中,"尽知万物之性,毕睹千道之要",除了已有的诸子百家外,还须研习天文学、气象学、物理学、医学、生物学、昆虫学、药物学等自然学科的各个领域。

对于前人留下来的百家之言,王充努力汲取,兼收并蓄,达到"怀百家之言,""博通众流百家"的程度。他认为,百家之说可谓经典的背景与重要补充,还可以当作参照,以纠正经书中的纰漏,"知经误者在诸子。诸子尺书、文明实是。"博览诸子百家足以令人开阔视野,通过多种知识的比较,才能得出正确的看法。所谓"百家之言,令人晓明。非徒窗牖之开,日光之照也。"(《论衡·别通》)

认识世界的视角,王充与汉儒的最大区别处还在于对现场观察与考证,这一特别的注重,充分体现为经验实证的治学方法,"不目见口问,不能尽知","远不如近,闻不如见"(《论衡·案书》),从中获取知识与书本记载互证互补。在如何看待和取舍知识的问题上,他提炼出"贵用"的着眼点,无论王充前的经学还是之后的儒家,讲"致用",多为经邦治国,化民驭民之术。王充则着重于明道安邦,益世佑民,所以"贵用"的范围,眼界较汉儒要广阔、实在许多,拓宽至化自然为人利的所有方面:"入山见木,长短无所不知;入野见草,大小无所不识……凡贵通者,贵其能用之也。"(《论衡·超奇》)

其二,"事莫名于有效,论莫定于有证"。汉儒也讲自己的治学境界在于"究天人之际,通古今之变。"但他们大多认为,此事自董仲舒重释孔子后已有答案,所谓"天不变道亦不变"。也就是说,他们认识论上信奉的是价值判断。王充剖析了官学的这种局限与弊病,同时亦打造、构建着以"事实判断"为基石的方法论。相对于价值判断,这种思维方式则是倒过来认知的,无论圣贤之说还是世间经验,在接受之前,须先经过怀疑和验证程序。这一基本的思维差别,成就了王充与众不同的治学观:独到的问题意识、阅读视角和认知框架。

任何学问、论点,皆有重新认识的必要,统属以"求实诚"思路"效验"的对象。这便是治学时必先树立的怀疑精神。王充不赞成简单化的尊贤称圣,所谓经典的作者并非先知先觉,其知识也与常人一样,是后天学习得来的,那种"儒者论圣人,以为前知千岁,后知万世,有独见之明,独听之聪,事来则名,不学自知,不问自晓,故称圣则神矣"(《论衡·实知》)的说法,皆属虚言。如此说来,圣贤之言就不能视为真理和知识的唯一源头,而应看作所要认知的"天下之事,世间万物"的重要组成部分,也需要"考论虚实"。而考论之下,果然发现不少问题,无论对宇宙天象的解释,还是社会历史的论述,乃至一些事件、现象的记载,多"虚妄言也"。王充又用这种思路去考察俗论,益觉"浮华虚伪之语"流行,"非其实也"。此种治学思路的形成,标志着别树一帜的新境界:求知问道不受经典的框限与束缚,用自己的头脑思考问题;经典既是价值和知识的来源又是"道实证验"的对象。

王充总结的治学观,今天看来清晰易懂,算不上深奥。然而,正是这个为今人容易理解与接受的情况,说明了王充认识水平在当时的先进程度。当汉儒们还在神学加经学中打转之际,王充构架了一个感性知识与理性思维交叉互动,书本记录与观察经验相互印证,最终将一切真知考之于"效验"的治学思路,为"事实判断"思维奠定了方法论基础。这样做的意义,不光是推出本《论衡》的问题,更着眼于为后来学者乃至整个民族的思维方式中,注入一种思想发展中弥足珍贵的怀疑精神、批

经天纬地
王充思想学术研讨会集锦

判精神和证之以实的思想方法:"辩照是非之理,使后进晓见然否之分。"也就是重视"存在"的价值,倡导和树立"事实判断"的思维方式。《对作》最后,他用警句式的语言宣明宗旨:"《论衡》实事疾妄,齐世宣汉,恢国验符,盛褒须颂之言,无诽谤之辞。造作如此,可以免于罪矣。"其中"实事疾妄"乃统领全局的灵魂。据此,有学者将王充的学说称为"实学"。

其三,"冀俗人观书而自觉"。王充生活的东汉时代,民众的文化世界笼罩于官方意识形态的教化和世间的"俗见"之中,在思想文化领域中普遍缺乏对"世间万物"真实而正确的认识,迷信、盲从大行其道,受到愚弄而不自知,精神世界处于封闭、收敛状态,深陷在"天人感应"的神学迷雾中不能自拔。王充对此痛心疾首,认为此乃思想文化中迷信神学、圣言的价值导向使然,没有批判,不敢怀疑,信守成说,久而久之,便失去了独立观察世界、思考问题的能力,生命主体随之萎缩、麻木、被动,只会当圣言和官权的应声虫,浑浑噩噩而不自知,糊里糊涂地将自己的命运拱手交予地上的和天上的统治者。其最大的危害就是弱化了直面困难、解决问题的激情与能力,而将注意力引导到不务正事,推诿责任,热衷于虚功的歧路上,可怜复又可悲。后世的鲁迅曾用"不撄人心"来概括传统俗见对百姓生命主体的束缚,正与王充两千年前的认识相同。

所以,《论衡》还有另一种与世儒侧重不同的期待,即从世间普通民众所需的角度,发论立说。《论衡》也服务于社会秩序的长治久安,但与体制化儒学实际上落脚于治民驭民不同,而是关注人世间、生活中所说所传知识的准确与否,通过讥俗论实,"冀俗人观书而自觉",掌握正确的知识,科学的道理,从而在掌握人生命运方面具有更大的主动权。他认为,《诗》之所以能在民间广为传播,影响深远,生命力正在于其需求发自民间,素材取自于民间,所传内容又有益于民间:"古有命使采爵,欲观风俗,知下情也。《诗》作民间,圣王可云'汝民也,何发作?'因罪其身,没灭其诗乎?今已不然,故《诗》传〔至〕今。"(《论衡·对作》)《论衡》也应该是这样一部书。它关注民间百姓关心的问题,既努力汲取他们源自实践的真知和丰富生活的实例,也匡正他们受多方局限所形成的愚见和陋俗。"《论衡》《政务》,其犹诗也。冀望见采而云有过,斯盖《论衡》之书,所以兴也。"(《论衡·对作》)在实际中发挥开启民智的作用,所谓"人有知学,则有力矣。"(《论衡·效力》)

正是缘于这样的抱负与追求,王充要求自己的文章明白易晓,能为大众所读。

有人说,"讥俗"的篇章、内容过于浅白,不像正规学者的文章风范。王充说明,讥俗的文章之所以读起来浅白,主要是由阅读对象的定位及内容所要发挥的作用所决定。讥俗的目的在于剖析世俗中的种种"虚妄",让众人"以觉失俗",进而矫正自己错误的观念与行为,步入理性的正确轨道。欲实现此目标,须先让众人能够阅读,方谈得上"理解"。这就要求不光说理当通俗易懂,还需使用众人所熟悉的材料、说法加以剖析,"冀俗人观书而自觉,故直露其文,集以俗言"。他从另一方面反证说,如果不是这样,将给老百姓看的东西也写成经院式的宏篇高论,则无疑"对牛弹琴",即便意愿良好,也发挥不了预期的作用:"以圣典而示小雅,以雅言而说丘野,不得所晓,无不逆者……故鸿丽深懿之言,关于大而不通于小。不得已而强听,入胸者少。"(《论衡·自纪》)他举了历史上许多实例,证明"俗晓露之言,勉以深鸿之文"这种"牛刀割鸡"的做法,结果往往是"大小失宜,善之者稀",不可能发生入脑入心,化育民风的效应。

《自纪》里的表白,反映了这样一种情怀:以自己认识到的科学真知,传达于民众之中,使他们意识到寰宇之内"凡事难知,是非难测"的事物实在太多,那些"众心俗论","圣贤之说",使"虚实之事,并传世间,真伪不别",必须拨乱反正,从"事实判断"的视角予以认识、清理,不受任何思想束缚地探索世界,追求真知,重建知识系统。敢于使用正确的方法怀疑成说,不去相信任何未经证实的主张,用自己的眼光观察世界,用自己的头脑思考问题,从而激扬人的独立性、能动性。这个过程也就是确立人在自然天地中真实地位的过程,也即人本身觉醒的过程。在这个意义上讲,《论衡》最终要传达的核心内容,还不仅仅是去俗说,立实论,而是个人敢于并这样做的思想意识,即自由之思想,独立之精神。实际上是为激扬人的主体意识和创造潜力,提供所需的思想武器。正因为王充在历史文化中的这种强烈追求和突出贡献,后世许多学者认为,《论衡》的最大贡献是促进了人的觉醒。韩国学者金钟美指出:王充在中国历史上促进"人的觉醒"方面的作用,是无人可以替代的。从商周到魏晋的中国思想史中,存在着春秋战国和魏晋两次"人的觉醒时期"。王充思想的作用在于:上承春秋战国的人文主义精神,下导汉末、魏晋思想解放和人的解放的风气,充当了这两次"人的觉醒时期"的中转环节。把握住这一点,进而考察王充的文学思想,即可发现他对于中国文学发展的伟大贡献。(参阅:韩·金钟美《天、人和王充文学思想——以王充文学思想同天人关系思想的联系为中心》,社会科学文献出版社1994年版,第213-214页。)

二、志所欲至,独已远矣

　　历史上重要思想家的传承与影响,会分为学术成果,思想方法和文化精神等几个层面,王充三者皆具,更以后两者显著于世。这是他的特别精彩之处。

　　《论衡》一书,以儒家学说为根基,以博通百家为情怀,以怀疑、批判精神为武器、以实证、科学方法为基石,成为当时理性精神的光辉代表,使之对后世的影响超出了儒家领域,而深化、拓展为一种思想文化精神,其不限于平面的、并列的几种思想观点,而是分为不同层次、不同境界和不同侧面的内涵,之间相辅相成,交叉互渗,立体化地对社会思想文化发生作用。官方统治者以及学者、文化人、大众可从不同的角度和层面,或直接或间接地接触、感受这种思想文化精神的影响与冲击,地位不同,需求不同,受影响的程度和深度也各有千秋。后世学者在继承王充的学术精神治学求道,传播自己思想成果的过程中,也就用这种文化精神影响着民众的认知方式和价值观念。

　　王充所构筑的思想文化精神可以从下述几个层面来认知。

　　最高层面者为自由之思想、独立之精神。这种精神本为孔子所倡导、履行。先秦百家争鸣,儒学为其中之一,孔子云:"己所不欲,勿施于人",各家"和而不同",平流竞进,乃人尽其才,学术繁荣之大道,搞思想专制,无论推崇哪一家,只能束缚人的创造力。王充深谙此思想精髓,论曰:人同万物一样,"禀气而生,含气而长",(《论衡·命义》)但人同时具有与它"物"的不同禀赋——精神和智慧:"夫倮虫三百六十,人为之长。人,物也,万物之中有智慧者也。"(《论衡·辨祟》)所以,人理当珍惜这种禀赋,此乃关系到作为独立的主体,能不能用自己的眼光和头脑认识世界的问题,激发内在的主观能动性和创造力:"儒者所怀,……力独多矣。"(《论衡·效力》)然而,在历史长河中,受各方条件局限,对于大多数人来说,欲进入主体高扬、自由创造的状态,是件难之又难的事情,受碍于头脑中的重重禁锢。汉代官方的意识与民间的俗论,扭曲了人们的思想认知能力,构成一种惰性的文化导向,谶纬风行于上下便是力证。尤其是实行"抑黜百家,独尊儒术"后,非议"五经",提出与官方意识形态不同的思想,还构成为大逆不道,受到舆论的指责。王充思想文化精神最具光辉之处,便在于提出了一个比圣言、鬼神更神圣、更伟大的"天道自然"观念,它将人们不受约束地自由思想,独立判断,视为"天道自然"的组成部分,可以说是一种"天赋人权",为超越种种人为的精神樊篱,解放思想,独立思考,提供了重要的理论依据,在《论衡》中对怀疑、批判精神、独立思考权力的天然合理,作了有力论证。"百夫之子,不同父母,殊类而生,不必相似,各以所禀,自为佳好。"(《论衡·自纪》)若一代代人都讲究"必谋虑有合,文辞相袭,是则五帝不异事,三王不殊业也。"王充更可贵者还在于身体力行,以自己的成果向世人证明,"实事疾妄"学说的问世,完全得益于自由思想的抚育。王充学说给予后世最重大的影响和震撼之处,正在于此,无论是正面的肯定者还是反面的非议者。而王充思想也正是在这种争议中,一次次地充当了历史上重大思潮转折中的启动点。自由之思想,独立之精神,乃其思想文化精神中的灵魂,属于对全社会一束普照的光,影响是全面性的,既引领学者学风、文化人性格,也熏陶民众观念。

第二层内涵为"事实判断"的思维方式。这是关系到如何认识世界的问题。官方主流意识形态引导人们树立一种以圣言成说为准则的"价值判断"认识论。凡事皆有先验之说,盖棺之论,陷于神学加经学的思维定式中,以《白虎通义》的问世为标志,认识水平距真实的客观世界越来越远。王充构架了一个感性知识与理性思维交叉互动,书本记录与观察经验相互印证,最终将一切真知考之于"效验"的治学思路,为"事实判断"思维奠定了方法论基础。集中到一点,就是在居统治地位的价值判断思维之外,另立了一种事实判断思维。这种理论思维,构成了"南方思想"以及后来浙学的源头。"事实判断"思维堪称中国传统文化的稀有资源,反映着认识世界的科学眼光,尤其是认识上的经验实证方法,胡适先生称之为现代经验、实证法的古代版。"科学方法的第一步是要能疑问。第二步是要能提出假设的解决。第三步方才是搜求证据来证明这种假设。王充的批评哲学的最大贡献就是提倡这三种态度——疑问,假设,证验。"(胡适:《王充的哲学》,章衣萍标点本卷首,大东书局1931年版,第15-16页)这不仅对学者治学不可或缺,于普通民众亦是认知方式的另一种引导和启迪。

第三层内涵体现为求索创新的治学风格。这关系到认识世界的境界问题。王充的精神世界博大恢宏,凡"俗间凡人所能见"者无不关注,以客观世界的"天下之事,世间万物"为认识对象,以"尽知万物之性,毕睹千道之要"为己任。在治学中充分展示了"怀百家之言","博通众流百家"的气度和胸怀。又关注、汲取天文学、物理学、生物学等领域的最新成果,以探求尚未认知的世界为终生热爱。王充正是在此广博、繁杂的基础上,借鉴、运用自然科学经验、实证的思维方法,对"世间万物"考论虚实,融会贯通,焕发出强大的创新能力,推出了在中国思想史中独树一帜,有着原创意义的学术成果,开辟了"实学"学派的先河。求索创新精神的继承者和受益者主要为后世学人。

第四层内涵乃是"实事疾妄"的思想成果。这关系到认识了什么的问题。王充用"疾虚妄","求实诚"的指导思想,邃密群科,分门别类地创立了自己的气论、天论、形神论、命定论、政治论、历史论、文学论等等。这些学术观点以相对科学的见解和知识提出了许多富有远见卓识的思想。尤其是针对着历史上天命论、鬼神论对人们思想的束缚,《论衡》中关于无神论的雄辩论述,"天道自然"的多方说明,从理论与实际的结合上,就流行的"谬见"作了廓清,不仅称得上中国思想史上这方面的经典成果,更对沉浸于天命鬼神中的大众有深远的启蒙意义。王充在各个领域中的见解,可以说代表了他所处时代的最高认识水平,某些地方还很有些超前性。在它问世的近两千年中,一直发挥着科学启蒙作用,每临社会上迷信泛滥、虚妄横行之际,便会有人拿起王充"实事疾妄"的思想遗产予以反击,进而宣扬"实学",普及真知,成为社会进步中理性高扬的重要资源。当代中国乃至世界上的许多学人,仍在从《论衡》中汲取"顺应自然",实现万物和谐的精神养分。这层文化精神的覆盖面相当大,学人与大众均受其惠。

上述多重的思想文化精神导向与影响,其最终落脚点皆在于:冲破"不撄人心"的思想网罗,塑造具有主动精神的创造精神的生命主体。"他的文学思想和他的天人观相结合……使文学从神和皇帝的权威、礼乐教化思想的束缚中独立了出来,使得汉末、魏晋具有多样性和个性的文学创作有了可能性。具体地表现是,他使以神为中心的世界观瓦解,同时使以人为主体的文学时代到来了。追求'真美'同对社会美和自然美的认识相联系,清除了复古模仿文学,对文学的价值开始有了认识。同时,他有关气和文学的论述,形成了王充—《太平经》—曹丕—葛洪—刘勰的文气论体系。中国古代文学理论史,经历了以汉代儒学为中心的政教中心论到魏晋的以道家思想为基础的审美中心论的演变过程。在从汉代到魏晋南北朝的转折时期,有小赋、'古诗十九首'等抒情文学和建安文学等文学现象存在。而王充早在这之前的东汉时期就为这种变化打下了基础。"(参阅:韩·金钟美《天、人和王充文学思想——以王充文学思想同天人关系思想的联系为中心》,社会科学文献出版社1994年版,第213-214页。)无论对学者还是大众,《论衡》都有一个根本的愿望:"观书而自觉",从而激扬主体,做个具有理性头脑,能够超越世俗文化桎梏而表现出"力独多矣"的创造者。在这一点上,王充本人就是一个示范,一个参照。力排众议,独扛俗论,问难圣贤,自成一说。虽然,在世间俗论眼中,这是一个另类,但这个另类不仅坦坦荡荡地走完了自己的一生,而且走的精神飞扬,掷地有声。对此,《自纪》的字里行间布满了坦然与自信。

与历史上的大多数学问家不同,王充的学说当之无愧地成就为一种思想文化精神,并且这种精神的影响与传承,不单局限于学术学人领域,还直接或间接地播扬于民间的思想文化之中。文化精神与学术精神有共同之处,也存在相异之点。文化精神涵盖了学术精神,又以学术精神为内核外延至百姓生活中的认知方式、价值观念、行为准则及风俗习惯等方面,对塑造大众主体意识的文化背景和文化环境,形成持久的影响与引导。这种超出学术领域的文化影响,既是王充有意识的追求,也是后世的客观存在,不失为王充有别于许多主流学术思想家的一个特征。

注:本文所引注释《论衡》处均以各篇名简称,(东汉)王充:《论衡》,《诸子集成》卷七,中华书局1954年版。

王充经学观辨析

吴从祥 （安徽大学）

摘　要：以疾虚妄而著称的王充表现出与众不同的经学观。就经传而言，一方面王充崇敬圣贤，崇尚经传；另一方面王充反对迷信经传，正视经传阙误，甚至大力批判经传中的虚妄现象。就经学而言，一方面王充重视经学，认为经学高于吏事；另一方面王充反对师法家法，主张学贯今古诸家，主经以诸子补经学之不足。就经学功用观而言，王充主张儒者应博学多才，就为汉帝国唱赞歌。

关键词：汉代　王充　《论衡》　经学观

王充早年接受了较长期的经学教育，对经学极为熟悉，并且深受经学影响，但他不以传授经学而闻名，也没有留下经学著作或学说，因此算不上严格意义的经学家。正因如此，长期以来，各种经学史著作都较少提及他，直至近期，情况才略有所变化。[①]至今，探讨王充经学的论文依然很少，这显然与"热闹"的王充研究很不相称。

一、经传观

所谓经学观，就是对经学的看法，具体而言，则包括对经典（即《五经》）以及经

[①] 近期一些经学史著作对王充经学略有所论及，如边家珍《汉代经学发展史论》（中国文史出版社2003年）、赵伯雄《春秋学史》（山东教育出版社2004年）、戴维《春秋学史》（湖南教育出版社2004年）以及徐芹庭《易学源流》（中国书店2008年）等。

学学说、传授、功用等的看法。众所周知,儒家经典(即《五经》)是早期儒家的教科书,孔子以其教授学生。解说和阐释这些经典的学说则被称为传。到了汉代,由于帝王独尊儒术,孔子被尊奉为圣人,儒家经典被奉为永恒不变的真理——经,解经之传也获得了较高的政治地位。圣人作经,贤者传之。对于儒学经传,汉代人多奉为圣典,盲目奉从,不敢置一词,多具批判精神的王充则表现出与众不同的经传观。

(一)崇敬圣贤,崇尚经传

在《问孔》和《刺孟》等篇章中,王充对孔子和孟子作了不少批判,因此王充受到后世许多正统卫道士的严厉的批判。但这只是问题的一方面,总体而言,王充对孔子和孟子还是相当尊敬的,《论衡》一书常称孔子为圣人、圣才、贤圣、君子、德鸿之人、多力之人、素王等,常称孟子为贤人、大才、事实之人等。王充相信经为圣人孔子手定。"孔子,周世之多力之人,作《春秋》,删五经,秘书微文,无所不定。"(《效力篇》)"孔子作《春秋》,以示王意,然则孔子之《春秋》,素王之业也。"(《超奇篇》)王充还相信传为贤者所作,传以辅经。"圣人作经,贤者作书,义穷理竟,文辞备足,则为篇矣。"(《正说篇》)"圣人作其经,贤者造其传,述作者之意,采圣人之志,故经须传也。"(《书解篇》)

经传不仅为圣贤所作,更重要的是经传具有相当重要的功用,非一般书籍所能比拟。"古圣先贤,遗后人文字,其重非徒父兄之书也,或观读采取,或弃捐不录,二者之相高下也,行路之人,皆能论之"。(《别通篇》)王充认为,五经以"道"为务,有益治事,"《五经》以道为务,事不如道,道行事立,无道不立"(《程材篇》)。经传可以开人视野,发人智慧,"圣贤言行,竹帛所传,练人之心,聪人之知"(《别通篇》);"夫经艺传书,人当览之,犹社当通气于天地也。故人不通览者,薄社之类也"(《别通篇》);"古贤文之美善可甘,……读观有益"(《别通篇》)经传可以教人礼义,"不入师门,无经传之教,以郁朴之实,不晓礼义,立之朝廷,植竿树表之类也,其何益哉?"(《量知篇》)此外,经传还具有治世之功用。

圣人作经,贤者传记,匡济薄俗,驱民使之归实诚也。案《六略》之书,万三千篇,增善消恶,割截横拓,驱役游慢,期便道善,归正道焉。孔子作《春秋》,周民弊也。故采求毫之善,贬纤介之恶,拨乱世,反诸正,人道浃,王道备,所以检押靡薄之俗者,悉具密致。……是故周道不弊,则民不文

薄,民不文薄,《春秋》不作。杨、墨之学不乱传义,则孟子之传不造。(《对作篇》)

经传为圣贤所作,具有很强的权威性,且具有相当大的效用,因此在《论衡》一书中大量引用经传,作为论说之依据。据笔者不完全统计,《论衡》一书引《诗》近20条,引今古文《尚书》百余条,引《三礼》近百条,引《春秋》三传百余条,引《易》经传二十余条。《论衡》一书常把经传作为论辩是非的标准,如:

  传书或言:颜渊与孔子俱上鲁太山,孔子东南望,吴阊门外有系白马,引颜渊指以示之,曰:"若见吴昌门乎?"颜渊曰:"见之。"孔子:"门外何有?"曰:"有如系练之状。"孔子抚其目而正之,因与俱下。下而颜渊发白齿落,遂以病死。盖以精神不能若孔子,强力自极,精华竭尽,故早夭死。世俗闻之,皆以为然。如实论之,殆虚言也。案《论语》之文,不见此言。考《六经》之传,亦无此语。(《书虚篇》)

因《论语》和《六经》之传无此语,因此王充断定此语为虚妄不可信。《论衡》一书博采众家经说,常以此经文之文攻彼经之文,常此家之说攻彼家之说。

(二)反对迷信,正视经传阙误

如上所说,《五经》原本是儒家教科书。经过秦朝的禁毁以及战乱,经学传承被打断,经典遭到严重破坏,有些经书已无完帙,如《尚书》等。另一方面,经传早期往往依赖师徒口耳相传,在这过程中自然会产生一些误解、歧义,甚至错误。在汉代,由于经学获得了崇高的政治地位,儒生经师往往对经传盲目迷信,对经传内容不敢有所质疑,更不用说批判了。其结果往往是以讹传讹,错误流传不息。

王充虽然崇尚经传,常引以为据,但对圣贤经传并不盲目信从,而是采取比较客观的态度,正视经传的阙失和错误。

  彼见经传,传经之文,经须而解,故谓之是。他书与书相违,更造端绪,故谓之是。若此者,睚是于《五经》。使言非《五经》,虽是不见听。使《五经》从孔门出,到今常令人不缺灭,谓之纯壹,信之可也。今《五经》遭亡秦之奢侈,触李斯之横议,燔烧禁防。伏生之休,抱经深藏。汉兴,收《五经》,经书缺灭而不明,篇章弃散而不具。晁错之辈,各以私意分拆文字,师徒相因相授,不知何者为是。亡秦无道,败乱之也。秦虽无道,不燔诸子,诸子尺书,文篇具在,可观诸以正说,可采掇以示后人。……由此言之,经缺而不完,书无佚本,经有遗篇。……知经误者在诸子。诸子尺书,文明实是。(《书解篇》)

因《五经》有缺佚,而诸子俱存,因此王充主张以诸子来正经传,弥补经传之不足。

(三)视经传如众书,批判经传虚妄

"疾虚妄"、求真实是《论衡》一书重要主旨之一。"《论衡》之造也,起众书并失实,虚妄之言胜真美也"(《对作篇》);"《论衡》篇以十数,亦一言也,曰:疾虚妄"(《佚文篇》)。王充虽然崇尚经传,但并不盲从,往往能正视其得失,对其虚妄不失之处常加以批判。

经增非一,略举较著,令惑恍之人,观览采择,得以开心通意,晓解觉悟。(《艺增篇》)

又见经传增贤圣之美,……夫经有褒增之文,世有空加之言,读经览书者所共见也。(《齐世篇》)

经之传不可从,《五经》皆多失实之说。《尚书》《春秋》行事成文,较著可见,故颇独论。(《正说》)

在《书虚》《艺增》《正说》等篇章中,王充对《五经》的一些不可信之处作了批判。例如:

《书》曰:"汤自责,天应以雨。"汤本无过,以五过自责,天何故雨?以无过致旱,亦知自责不能得雨也。由此言之,旱不为汤至,雨不应自责。然而前旱后雨者,自然之气也。此言,《书》之语也。……《书》之言未可信也。(《感类篇》)

王充在此直言《书》所记载不可信。再如:

《春秋》庄公七年"夏四月辛卯,夜中恒星不见,星霣如雨"者。《公羊传》曰:"如雨者何?非雨也。非雨,则曷为谓之'如雨'?不修《春秋》曰:'雨星,不及地尺而复。'君子修之曰:'星霣如雨'。"……君子者,孔子。孔子修之曰"星霣如雨"。……孔子未正霣者非星,而徒正言"如雨"非雨之文,盖俱失星之实矣。(《说日篇》)

在此王充指责孔子修《春秋》失实。正如有些学者所说,"王充于驳虚言、求实诚,是将经书与普通文献同等对待的"①。

王充认为传书多有不实。"儒者说《五经》,多失其实,前儒不见本末,空生虚说,后儒信前师之言,随旧述故,滑习辞语。苟名一师之学,趋为师教授,及时蚤仕,汲汲竞进,不暇留精心,考实根核。故虚说传而不绝,实事没而不见。《五经》并失其实。"(《正说篇》)王充对传说虚妄不实之处作了不少批判。

> 传记言:高子羔之丧亲,泣血,三年未尝见齿。君子以为难,难为故也。夫不以为非实,而以为难,君子之言误也。……孔子曰:"言不文。"或时不言,传则言其不见齿;或时不笑,传则言其不见齿三年矣。高宗谅阴,三年不言。尊为天子不言,而其文言"不言",犹疑于增;况高子位贱,而曰"未尝见齿",是必增益之也。(《儒增篇》)

这样的例子在《书虚》《儒增》《艺增》等篇中很多,就不再枚举了。

从以上分析可以看出,在疾虚妄时,王充将圣贤经传与一般书籍同等对等,批判其虚妄不实之处,毫无讳言。

总之,一方面王充尊信经传,常引之为据;另一方面王充又不迷信经传,正视其缺失,批判正虚妄不实。

二、经学观

经学,简单地说,就是研究和阐释儒家经典的学说。自汉武帝独尊儒术之后,在利禄的引导下,经学大行于世,儒师门徒众多,说经传记日渐增多,释经章句也越发烦琐,以至"一经说至百万言,大师众至千余人"(《汉书·儒林传赞》)。这样,经学成为利禄之学,是士人入仕必需的"敲门砖"。

(一)重视经学,认为经学高于吏事

东汉时代,经学盛行于世,王充亦多受时代风气影响。早年王充亦曾想走明经入仕之路,他曾不辞劳苦至洛阳太学求学多年。虽然王充学识渊博,但他仕途多舛,一生沉沦于下层小官吏。尽管如此,王充依然非常重视经学。

---

① 庄大均.王充经学观论略.孔子研究,1998(1):79.

王充认为,经学可以使人知古今,明礼义,他批判"世俗学问者,不肯竟经明学,深知古今,……竟进不案礼,废经不念学,是以古经废而不修,旧学暗而不明"(《程材篇》)。王充认为经学难于吏事,"吏事易知,而经学难见也"(《程材篇》),道高于事,儒生高于文吏,"《五经》以道为务,事不如道,道行事立,无道不成。然则儒生所学者,道也;文吏所学者,事也。"(《程材篇》)儒生高于文吏,是因为"儒生奇有先王之道","侈有经传之学",而文吏"无篇章之颂,不闻仁义之语"(《程材篇》);文吏"不入师门,无经传之教","无经艺之本,有笔墨之末,大道未足,而小伎过多"(《量知篇》)。

(二)反对师法家法,主张学贯古今诸家

两汉时期,经学授受极重师法和家法。皮锡瑞云:"前汉重师法,后汉重家法。先有师法,而后能成一家之言。师法者,溯其源;家法者,衍其流也。"①经师往往以师法家法传授,而受业者则要严守师法家法,不得随意更改。在传授过程中,《五经》皆形成了众多流派,如《易》有施、孟、梁、京等诸家,《书》有欧阳、大小夏侯等诸家,《诗》有齐、鲁、韩、毛等诸家,《礼》则有大戴、小戴、庆氏之学等,《春秋》有三传之分,而《公羊传》则有颜、严氏之学等。

西汉经学尚专,博士、经师往往以一经教授,而儒生所学亦是如此,只有少数高才例外,如董仲舒、王吉、韦贤等。东汉经学尚博,通两经以至数经者众。②这些通儒大多能通于五经中的两经或多经,但兼通多家经说者依然很少(兼古文经除外)。显然,东汉儒师经生依然没有完全摆脱师法家法影响。不可否认,师法家法在保证经学的纯正性方面无疑起了相当大的作用,但师法家法的缺陷也是非常明显的。一方面,它隔绝了不同学派之间的交流与学习,以至台学派门形成成见;另一方面,它使得儒生墨守先师陈规陋见,以致使错误得不到更正,继续流传不止。固守师法与家法显然很不利于经学健康发展,因此到了东汉时期,反对之声渐起,王充便是其中重要代表。王充认为,师法家法导致儒生孤陋寡闻,视野狭隘,"夫儒生不览古今,所知不过守信经文,滑习章句,解剥互错,分明乖异"(《谢短篇》);"夫总问儒生以古今之义,儒生不知,别名以其经事问之。又不能晓,斯则坐守信师法,不颇博览之咎也"(《谢短篇》)。王充对信守师法的俗儒大加批判,认为他们不过是邮人、门人等。"传先师之业,习口说以教,无胸中之造,思定然否之论。邮人之过

书,门者之传教也,封完书不遗,教审令不遗误者,则为善矣。儒者传学,不妄一言,先师古语,到今具存,虽带徒百人以上,位博士、文学,邮人、门人之类也。"(《定贤篇》)

王充对固守师法家法、抱残守缺的儒生作了严厉批判:

夫儒生之业,《五经》也,……滑习章句,解剥互错,分明乖异。(《谢短篇》)

诸生能传百万之言,不能览古今,信守师法,……儒生无力。(《效力篇》)

经传之文,贤圣之语,古今言殊,四方谈异也。当言事时,非务难知,使指闭隐也。后人不晓,世相离远,此名曰语异,不名曰鸿材。(《自纪篇》)

汉代经学有古文经学与今文经学之分。古文经与今文经原本指的是经书的不同书写形式的传本。一般认为汉代出土的、以先秦古文字古书的经书为古文经,而以当时流行的隶书书写的经书则为今文经。因书写、解说等的差异,导致了两大经学流派的形成,即古文经学和今文经学。在汉代,今文经不仅出现得较早,而且有着可靠的明晰的传承线索,因此被立于学官,大行于世。古文出现稍晚,多为出土文献,几无传承线索可言,因此不受官方重视,或深藏内府,或以潜流形式流传于民间和学者当中。到了西汉后期,由于刘歆建议将古文经学立于学官,导致了今古文之争。虽然争立失败,但古文经学影响日增,传授日广。直至东汉前期,众多经师对古文经学持敌视态度,古文经学仅为少数学者所接受。王充则打破今古文界限,将今古文融于一体。

从《论衡》一书引经、称经来看,王充不仅打破了师法家法限制,还打破了今文古界限,将诸家学派、今古学说融于一体。如,王充《诗》以《鲁诗》为主,兼采齐、韩、毛三家;《书》兼采《古文尚书》《今文尚书》,《今文尚书》以欧阳《尚书》为主,兼受大小夏侯《尚书》;《礼》则兼采《仪礼》《礼记》《周礼》以及《逸礼》;《春秋》兼采《公羊》《谷梁》和《左氏》三传。

为了求得"真知",王充不仅主张打破学派界限,兼采众说,甚至提出"距师"之说。"世儒学者,好信师而是古,以为贤圣所言皆无非,专精进习,不知难问。……凡学问之法,不为无才,难于距师,核道实义,证定是非也。"(《问孔篇》)

(三)主经以诸子学补经学之不足

经过禁毁和战乱,流传于汉代的《五经》已有残佚,而众经师多抱残守缺,固守师法家法,皓首于烦琐的章句之学,往往导致学识浅陋之弊。对此有识之才早有觉察,因此在儒学之外,他们往往博采诸子之学。盐铁会议中,双方还多引用《老子》《管子》《公孙龙子》等作为论说依据。扬雄对经学的不足颇多感触,因此在《法言》等著作中,对当时神学化的经学多有所批判。不仅如此,扬雄对儒学之外的诸子之学持辩证的态度,吸收有用的成分以补儒学之不足。"老子之言道德,吾有取焉耳。及其槌提仁义,绝灭礼学,吾无取焉耳。"(《法言·问道》)"庄周有取乎?曰:少欲。邹衍有取乎?曰:自持。至周罔君臣之义,衍无知于天地之间,虽邻不亲也。"(《法言·问道》)"或问:邹、庄有取乎?曰:德则取,愆则否。"(《法言·问神》)王充对俗儒浅陋之弊多加批判。

> 夫儒生之业,《五经》也。南面为师,旦夕讲授章句,滑习义理,究备于《五经》可也。《五经》之后,秦、汉之事,无不能知者,短也。夫知古不知今,谓之陆沉,然则儒生,所谓陆沉者也。《五经》之前,至于天地始开,帝王初立者,主名为谁,儒生又不知也。夫知今不知古,谓之盲瞽。《五经》比于上古,犹为今也。徒能说经,不晓上古,然则儒生,所谓盲瞽者也。(《谢短篇》)

> 守信一学,不好广观,无温故知新之明,而有守愚不览之暗。其谓一经是者,其宜也。……一经之说,犹日明也,助以传书,犹窗牖也。百家之言,令人晓明。……夫闭塞意,不高瞻览者,死人之徒也哉。(《别通篇》)

王充认为,诸子可正经学之缺误。"诸子尺书,文篇具在,可观诸以正说,可采掇以示后人。……知经误者在诸子。诸子尺书,文明实是"。(《书解篇》)王充认为,百家之言,令人聪明,能治百族之乱,"百家之言,令人聪明","大才怀百家之言,故能治百族之乱"(《别通篇》)。王充主张观夫百家之言,"人不博览者,不闻古今,不见事类,不知然否。……夫人含百家之言,犹海怀百川之流也,……章句之生,不览古今,论事不实。"(《别通篇》)

《论衡》一书除了大量征引经传之外,还大是征引儒家文献,如《晏子春秋》《世子》《孟子》《荀子》《新语》《春秋繁露》等,还大量引用《老子》《庄子》《商君书》《韩非子》《墨子》等。史书《史记》《国语》等,甚至纬书等。①

总之,王充一方面重视经学,认为其高于吏事;另一方面,他深知章句经学之陋,主张学采众家,贯穿古今,同时兼采诸子之学,以成广博之识。

三、经学功用观

王充早年也将经学作为利禄之学,曾到京师求学,但到了后来,王充的观点发生了很大的变化。王充将经学纳入广博的学识范围,努力发挥其各种功效。

(一)博学善著

王充认为,儒者应博学。"儒生以学问为力。……儒生力多者,博达疏通。故博达疏通,儒生之力也。"(《效力篇》)博学不在于章句之学,而在于通古知今。

> 诸生能传百万言,不览古今,守信师法,虽辞说多,终不为博。殷、周以前,颇载《六经》,儒生所不能说也。秦、汉之事,儒生不见,力劣不能览也。周监二代,汉监周、秦,周秦以来,儒生不知,汉欲观览,儒生无力。使儒生博观览,则为文儒。文儒者,力多于儒生,如少都之言,文儒才能千万人矣。(《效力篇》)

> 故夫大人之胸怀非一,才高知大,故其于道术无所不包。学士同门,高业之生,众共宗之。何则?知经指深,晓师言多也。夫古今之事,百家之言,其为深多也,岂徒师门高业之生哉!……能博学问,谓之上儒,……夫才怀百家之言,故能治百族之乱。(《别通篇》)

王充认为博学的目的在于致用,充分发挥知识之功效。在《论衡》一书中,致用主要表现为著述。

> 夫能说一经者为儒生,博览古今者为通人,采掇传书以上书奏记者为文人,能精思著文连结篇章者为鸿儒。故儒生过俗人,通人胜儒生,文人逾通人,鸿儒超文人。故夫鸿儒,所谓超而又超者也。以超之奇,退与儒生相料,……其相过,远矣。(《超奇篇》)

儒生通于一经,故高于俗人;通人博览,故高于儒生;文人能为文,故高于儒生;

---

① 岳宗伟.《论衡》引书研究[D].复旦大学博士论文,2006:46—60.

而鸿儒却能著述,故又高于文人。可见能否为文以及为文水平高低是王充衡量一个人学识水准的最重要标准。由此可见,在王充看来,为学的目的在于为文。

(二)赞颂汉帝国

"歌颂时代、不满儒者之漠视汉朝,是《论衡》的基本立场与精神旨趣所在"。[1] 除了"疾虚妄"之外,《论衡》另一重要主题便是颂汉,"是故《春秋》为汉制法,《论衡》为汉平说"(《须颂篇》)。

王充认为"臣子当颂",而"方今天下太平","汉已有圣帝,治已太平",并且"汉德非常实然,乃在百代之上"(《须颂篇》);而"方今盲喑之儒"不能颂汉,"使圣国大汉有庸庸之名,咎在俗儒不实论也"(《须颂篇》)。在《论衡》中,王充创作许多颂汉篇章,"《宣汉》之篇,论汉已有圣帝,治已太平。《恢国》之篇,极论汉德非常实然,乃在百代之上。……汉家功德,颇可观见。今上即命,未有褒载,《论衡》之人,为此毕精,故有《齐世》《宣汉》《恢国》《验符》。"(《须颂篇》)在颂汉情结影响下,经学亦时常成为王充颂汉的媒介。

> 虞氏天下太平,夔歌舜德;宣王惠周,《诗》颂其行;召伯述职,周歌棠树,是故《周颂》三十一,《殷颂》五,《鲁颂》四,凡《颂》四十篇,诗人所以嘉上也。由此言之,臣子当颂,明矣。……表德颂功,宣褒主人,《诗》之颂言,右臣之典也。(《须颂篇》)

"《论衡》之人,在古荒流之地,其远非徒门庭也。……使至台阁之下,蹈班、贾之迹,论功德之实,不失毫厘之微"(《须颂篇》)可见,王充颂汉的目的是很明显,欲借颂汉达到晋升、跻身中枢的目的。

由于王充大力以经学为汉帝唱赞歌,以至有些学者认为,"王充经学的实质是为汉王朝君主政治服务。在王充那里,经学纯粹是为汉王朝君主政治服务的工具,而王充本人则渴望跻身于朝廷,充当赞美王充王朝的吹鼓手"。[2]此说虽不无道理,但似有夸大之嫌。

以上从三个方面对王充经学观作了简要分析。从以上分析可以看出,王充经学观具有较浓厚的叛逆与异端色彩,其对经学发展有贡献,但也有明显不足之处。

---

[1] 龚鹏程.世俗化的儒家:王充[M].龚鹏程.汉代思潮[M].北京:商务印书馆,2005:201.
[2] 庄大均.王充经学观论略.孔子研究,1998(1):83.

一方面王充看到了经学的一些弊病,如时人的盲目迷信,《五经》自身的缺失,章句学的浅陋等。他对这些进行了大力批判,并力拯经学之时弊。另一方面,他并没有看到经学有价值的政治功用。在汉代,经学是一把"双刃剑",统治者以它来巩固政治统治,而儒者则常用它来钳制皇权,干涉政治。遗憾的是王充并没有看到这些,而仅将经学功用限于著述、颂汉。这显然是与其终身沉沦下层,而未得步入上层政治密切相关。一句话,王充经学观杂而不纯,因此有些学者认为他的学问"只是属于杂学而非正统的经学,泛敏而不精",[①]是有一定道理的。

---

① 邓红.王充总论[M].邓红.王充新八论[M].北京:中国社会科学出版社,2003:16.

通经致用——略论王充的学术取向

白效咏 （浙江工商大学）

王充,字仲任,东汉上虞人,著有《论衡》。王充以儒学正统继承人自期,但他与终生拘泥于一经以博得一官半职的经生不同,求学之初便受古文经学思潮影响,趋向通儒之路。即治学不拘泥于一经一典,而是博览群书,博采百家,通而论之。他认为"夫儒生之业,《五经》也,南面为师,且夕讲授章句,滑习义理,究备于《五经》可也。《五经》之后,秦、汉之事无,(无)不能知者,短也。夫知古不知今,谓之陆沉。"[①] "诸生能传百万言,不能览古今,守信师法,虽辞说多,终不为博。"[②] 他秉承浙江实学精神,对"世儒学者,好信师而是古,以为贤圣所言皆无非,专精讲习,不知难问"的学风进行了批判,认为"传者传学,不妄一言,先师古语,到今具存,虽带徒百人以上,位博士、文学,邮人、门者之类也",也难以造就"博览古今"的"通人"和"博通所能用"的"文儒",更不可能造就"论世间事,辨照然否,虚妄之言,伪饰之辞,莫不证定"的鸿儒。他尊重并继承孔子,认同"五经"的根本价值,但并不神话孔子,也不以"五经"句句为真理,唯有信守,勿得非议,相反对前人所有的观点和说法,都需要经过怀疑和批评的眼光来挑剔,多方"效验"来证明。书本中、传闻间的大量知识,是否正确？全部要经过实际的验证。如果没有这道最终程序的过滤,就是圣人之说也不能成立。王充的学说体现了儒学与浙江实学的结合,他以实证精神考订群经,并提倡博览,讲求致用,反对株守古人章句的世儒。

几乎与孔子同时,以计然、范蠡为代表的另一种风格的学术思想在浙江大地落

---

① 《论衡》卷十二《谢短篇》,第555页。按:此句"无"字,刘盼遂先生以为衍,从之。
② 《论衡》卷十三《效力篇》,第580页。

地生根、开花结果。这一学派的思想重视工商业,重视民生,讲求实用,可以说是浙江实学的滥觞。此后,在浙江学术思想的发展史上,这两种学术相互影响。至汉武帝罢黜百家,表章六经,儒学取得压倒性优势。此后浙江儒学的发展,实则沿两条道路:一派深受实学的影响,与中原儒学相比,形成自己鲜明的特色,王充是其典型代表,类似的还有魏朗、虞翻;另一派这抱着虔诚的态度,向中原儒学名家学习经学,比较忠实于师说,相对于同时代的中原儒学而言,风格更保守。这两种风格的儒学同现浙江大地,可以说是历史原因促成的。

从总体上来看,在先秦两汉时期,浙江居民多为百越,文化和中原地区相比有一定的差距。但秦汉郡县制大一统国家的成立,便利了境内的民族交流,那时由于种种原因,已有不少汉族移民到浙江地区,与百越民族杂居,促进了浙江文化的发展。汉武帝"罢黜百家,表章六经"之后,在全国推行儒学教育,加速了儒学在浙江的传播与发展。在这一过程中,浙江的英特杰出之士根植于浙江本地实学,又对来自中原的儒学进行广泛而深入的研究,形成自己特色鲜明的学说,王充的《论衡》就是这一产物。

王充自己概括《论衡》的精神时说:"《论衡》篇以十数,亦一言也,曰'疾虚妄'。"[1]《论衡·书虚》篇即是这一精神的体现,在该篇中,王充开首指出写作的目的:

> 世信虚妄之书,以为载于竹帛上者,皆贤圣所传,无不然之事,故信而是之,讽而读之。睹真是之传,与虚妄之书相违,则并谓短书不可信用。夫幽冥之实尚可知,沈隐之情尚可定,显文露书,是非易见,笼总并传非实事,用精不专,无思于事也。[2]

王充深感"盖言语之次,空生虚妄之美;功名之下,常有非实之加",有鉴于此,王充对典籍所载的"虚妄"之事,一一考订,辨明是非,表达了自己实事求是、不盲从古人的态度。《论衡》共计30卷85篇,其中有5卷12篇是辨析考订典籍所传不可尽信之事。再加上《问孔》《非韩》《刺孟》等2卷3篇出于同一主旨,可以说"同疾虚妄"、实事求是是王充学说的一大特色,也是浙江儒学的一大特色。

王充学说的另一大特色是反对株守章句。在《书解》篇,王充把儒生分成两大

---

[1]《论衡》卷二十《佚文》,第870页。
[2]《论衡》卷四《书虚篇》,第167页。

类：世儒和文儒。所谓世儒，就是"说经者"，也就是传授经书章句的人，如《诗经》的传人申培公、《书经》的传人欧阳千乘等；所谓文儒，就是"著作者"，如《新语》的作者陆贾、《史记》的作者司马迁，西汉大学者刘向、扬雄等。在王充看来，文儒是优于世儒的，世儒"说章句者，终不求解扣明，师师相传，初为章句者，非通览之人也"①。王充推崇的是陆贾这样的文儒。陆贾是汉高祖的重要谋士之一，在楚汉战争结束后，陆贾敏锐地觉察到形势的变化，对汉高祖称说诗书，劝汉高祖及时改变统治方略，逆取而顺守。《史记·郦生陆贾列传》云：

> 陆生时时前说称《诗》《书》。高帝骂之曰："乃公居马上而得之，安事《诗》《书》！"陆生曰："居马上得之，宁可以马上治之乎？且汤武逆取而以顺守之，文武并用，长久之术也。昔者吴王夫差、智伯极武而亡；秦任刑法不变，卒灭赵氏。乡使秦已并天下，行仁义，法先圣，陛下安得而有之？"高帝不怿而有惭色，乃谓陆生曰："试为我著秦所以失天下，吾所以得之者何，及古成败之国。"陆生乃粗述存亡之征，凡著十二篇。每奏一篇，高帝未尝不称善，左右呼万岁，号其书曰"新语"。②

陆贾提醒高祖不要重蹈亡秦之失的覆辙，他注意到儒家文化对于国家长治久安的重要意义，说服高祖，采取"文武并用"的统治政策，"行仁义、法先圣"，为汉帝国的政治重建与文化重建勾画了初步的蓝图。其所著《新语》，乃是汉代政治文化建设的奠基之作。陆贾及《新语》在汉代政治文化重建中的地位，王利器先生曾给予极为深刻的评价："陆贾者，盖兼儒道二家为汉代学术思想导乎先路者也"。③肯定了陆贾在汉代政治文化重建中的开创者地位。陆贾的另一大贡献是联合陈平、周勃，挫败诸吕篡夺的阴谋，重新安定了刘氏政权。王充所批判的世儒，实际上代表着当时儒学界的主流学风，班固在《汉书·艺文志》中对这种学风有着深刻的认识：

> 后世经传既已乖离，博学者又不思多闻阙疑之义，而务碎义逃难，便辞巧说，破坏形体；说五字之文，至于二三万言。后进弥以驰逐，故幼童而守一艺，白首而后能言；安其所习，毁所不见，终以自蔽。此学者之大

---

① 《论衡》卷二十八《书解》，第1160页。
② 司马迁.史记：郦生陆贾列传.北京：中华书局，1959：2699.
③ 王利器.《新语校注》之"前言"[M].北京：中华书局，1986.

患也。①

世儒的学风是读死书、死读书，拘泥于章句，不务实用，所谓"俗儒不达时宜，好是古非今，使人眩于名实，不知所守"。王充推崇陆贾式的文儒，批评世儒，实际上就代表着对当时弥漫于中原的主流学风的不满，这也是浙江儒学相对于当时主流儒学的最大特点。

值得注意的是，疾虚妄、重实用虽然是王充思想的一大特色，但王充并不是一个实用主义者，他的经世致用，乃是通经致用。他认为通经才能"尽才成德"，并不完全迎合世俗功利的需要，甚至认为"苟有忠良之业，疏拙于事，无损于高"。相反，对于不通经学功利主义，王充是持批判态度的：

> 是以世俗学问者，不肯竟经明学，深知古今，急欲成一家章句，义理略具，趋学史书，读律讽令，治请奏，习对向，滑习跪拜，家成室就，召署辄能。徇今不顾古，趋仇不存志，竞进不案礼，废经不念学。是以古经废而不修，旧学暗而不明，儒者寂于空室，文吏哗于朝堂。才能之士，随世驱驰；节操之人，守隘屏窜。②

> 夫儒生之所以过文吏者，学问日多，简练其性，雕琢其材也。故夫学者所以反情治性，尽才成德也。材尽德成，其比于文吏，亦雕琢者，程量多矣。③

> 儒生文吏，学俱称习，其于朝廷，有益不钧。

> 郑子皮使尹何为政，子产比于未能操刀使之割也。子路使子羔为费宰，孔子曰："贼夫人之子。"皆以未学，不见大道也。医无方术，云："吾能治病。"问之曰："何用治病？"曰："用心意。"病者必不信也。吏无经学，曰："吾能治民。"问之曰："何用治民？"曰："以才能。"是医无方术，以心意治病也，百姓安肯信向，而人君任用使之乎？手中无钱，之市使货主问曰"钱何在"，对曰："无钱"，货主必不与也。夫胸中不学，犹手中无钱也。欲人君任使之，百姓信向之，奈何也？①

---

① 《汉书》卷三十《艺文志》，第1723页。
② 《论衡》卷十二《程材篇》，第538页。
③ 《论衡》卷十二《量知篇》，第546页。
① 《论衡》卷十二《量知篇》，第552—553页。

在这里,王充把儒生和文吏做了对比,儒生即通经致用的代表,文吏则是世俗功利主义的代表。在王充看来,世俗出于功利的目的,"不肯竟经明学",学习一些律令、奏对等实用的东西是舍本逐末,大错特错。他认为《五经》乃汉家之所立,"儒生善政,大义皆出其中","《五经》以道为务,事不如道,道行事立,无道不成"。儒生所以优于文吏,在于他们所学的是道,而文吏所学的是具体的事务。"儒生治本,文吏理末,道本与事末比,定尊卑之高下,可得程矣"。②不通经学而治民,就相当于医不通医方而治病,人手中无钱而去买东西,显而易见是不可行的。

如果把王充的学术取向放到那个大时代背景下来看,就更能凸显其弥足珍贵。王充的学术背景有二,一是浙江本土文化,二是发源于中原的儒学,在当时表现为经学。浙江本土文化以好鬼信巫与注重功利为特色,称之为实学。文吏便是浙江实学的代表,一切以实用和功利为导向,不重视道义。而中原儒学,此时正陷于古今文经学之争的漩涡中。无论是今文学者还是古文学者,都是王充所谓的"世儒","后世经传既已乖离,博学者又不思多闻阙疑之义,而务碎义逃难,便辞巧说,破坏形体;说五字之文,至于二三万言。后进弥以驰逐,故幼童而守一艺,白首而后能言;安其所习,毁所不见,终以自蔽。此学者之大患也。"王充既薄死守章句、不通世务的世儒,又非专趋功利、致力于事务的文吏,看起来是矛盾的,其实不然,这种矛盾恰恰反映了王充兼采浙江实学和中原儒学的治学风格,也可以算秦汉以至晋唐浙江儒学的一大特色。他再批判文吏功利主义不通大道的同时,肯定其致用的一面;在批判世儒空谈经义不能经世致用的同时,肯定其学术所蕴含的大道。兼取两者之长,既要通经,又要致用。其致用以通经为前提,通经以致用为皈依,并创造了通儒形象。

王充心目中的通儒,是通经致用合二为一的,这类人物是王充心目中的理想人物,代表了王充的学术取向。

---

② 《论衡》卷二十《程材篇》,第543页。

经天纬地
王充思想学术研讨会集锦

王充研究的走向及其特征
——基于中国知网"计量可视化分析"的研究

宫云维 戴颖琳

中国知网是目前世界上信息量规模最大的"CNKI数字图书馆",每年收录海量的学术论文。中国知网不但能为学术研究提供文献检索,近年来还开发了计量可视化分析等功能,对相关专题的学术研究提供量化分析,可以在很大程度上反映学术研究的走向和趋势。本文拟根据中国知网提供的数据和"计量可视化分析"图,尝试对1950年以来的王充研究分析和研究。由于是初次尝试,有不当之处,敬祈指正。

一、文献分类的选择和检索条件的设定

中国知网文献检索形式有高级检索、专业检索、作者发文检索、句子检索、一筐式检索五类,本文选择其中的高级检索。高级检索设有"输入检索条件""并且""发表时间"—"更新时间""支持基金"。检索条件有"主题""篇名""关键词""全文""参考文献""中图分类号"五种。本文选择"主题"检索,主题词为"王充"。由于"王充闾""王充"仅一字之差,自动检索无法识别,且包含"王充闾"的检索结果多达100多条,故本检索设定为不包含"王充闾"[①]。

[①] 王充闾,笔名汪聪,辽宁盘锦人,散文作家。曾任辽宁省作协主席。作品有《清风白水》《春宽梦窄》《面对历史的苍茫》《沧桑无语》等,与余秋雨一起被誉为"九十年代中国学者散文(文化散文)的南北两大家"(吴俊《散文大家王充闾》,《当代作家评论》2000年第1期)。散文集《春宽梦窄》获第一届鲁迅文学奖。1988年以来,不断有人研究其创作。

中国知网高级检索的"文献分类目录"有基础科学、工程科技Ⅰ辑、工程科技Ⅱ辑、农业科技、医药卫生科技、哲学与人文科学、社会科学Ⅰ辑、社会科学Ⅱ辑、信息科学、经济与管理科学10类。本文选择"哲学与人文科学""社会科学Ⅰ辑""社会科学Ⅱ辑""信息科学""经济与管理科学"5种类目进行检索。

王充是中国古代著名的思想家、学者,历来的研究主要集中在中国哲学、中国历史、中国文学以及古典文献等领域,选择"哲学和人文科学"专辑自不待言。中国知网的"社会科学Ⅰ辑"包括"政治军事法律综合""中国政治与国际政治"等专题,有关王充政治、法律方面的研究会出现在该专辑里。例如,刘国民《"立体的完整生命体"——徐复观解释中国思想史的方法》,徐斌《德力具足百姓宁集——王充关于和谐社会的构想》[①]等。"社会科学Ⅱ辑"主要包括"教育综合""教育理论与教育管理""成人教育与特殊教育"等专题。尤其是其中涵盖了许多大学学报,有关王充与教育有关的研究会出现其中。例如,张世英《思想的一元化——中华精神现象学大纲(之二)》,周逸仙《简论王充〈论衡〉的科学教育意义》[②]。"信息科学"专辑则包括"档案及博物馆"等,有关王充著作及其文献学的研究会出现其中。如杨妍静《试论〈论衡〉的文献价值》,王国强《汉代文献辨伪的成就》[③]等。"经济与管理科学"专辑主要包括"企业经济""贸易经济""经济管理综合"等专题,但其中也有关于王充思想的现代意义方面的文章。例如,宋春蕾《王充的识佞观与现代领导中的知人之道》,张锡田《从档案看十二生肖的起源》,巩本栋《厚葬评议》,张华强《〈论衡〉中的思维模式及借鉴》,熊承芬《浅谈六畜之一——羊》,黄仁贤《谈王充人才层次论》,王敬平《王充的识人之道对现代企业管理中准确用人的启示》[④]等,故而也包含在检索专辑之内。

本文所检索数据库为包括:期刊、教育期刊、博士、硕士、国内会议、国际会议、报纸、学术辑刊。

---

①《浙江工商大学学报》2005年第3期。
②《河北师范大学学报(教育科学版)》2013年第11期。
③《图书馆杂志》2006年第8期。
④《商场现代化》2007年第25期。

二、年度发文数量趋势分析

本次检索共得到 1418 条结果,根据中国知网"可视化计量分析"发布的年度趋势图显示,触底的三个点分别是1950年、1959年、1979年,发文数量分别为1篇、3篇、3篇。高开的几个点分别是1974年的32篇,1981年的34篇,1996年的37篇,2003年的42篇,2011年的85篇。

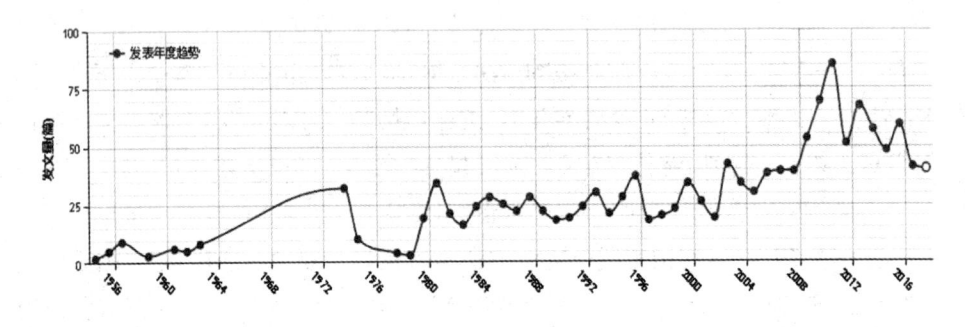

(图1)年度发文数量趋势图[1]

其中,1950年——1965年一般被认为是建国初期学术研究正常化的十年,这期间被认为是确定王充思想具有唯物主义特征的重要时期。1965年至1976年的11年间,是"文化大革命"时期,在"评法批儒"运动的影响下,王充被作为"反儒斗士""法家代言人"推向政治舞台,全国掀起了学习《论衡》的热潮,各地报刊纷纷发表文章,赞扬王充具有"问孔刺孟""批判董仲舒"的"反儒战斗精神"。[2]1974年发文数量达到空前的32篇,就是这种背景下的结果[3]。

实际上,王充研究走上正轨,是从1978年张岱年发表《关于中国封建时代哲学思想上的路线斗争——批判"儒法斗争贯穿两千多年"的谬论》开始的。张岱年此

---

[1] 截图时间为2018年7月21日22时
[2] 申慧芬.新中国60年的王充思想研究及其历史反思[D].河南大学,2010.
[3] 据蒋祖怡《试论三十年来王充的研究工作》(《学习与探索》1981年第2期),1974、1975两年中,全国各地都印发了《儒法斗争史》,还要全国各大学分工编辑"法家"的著作。仅1974年一年,全国三十六份重要报纸,十八个重要刊物,发表了数以百计的关于王充的文章。

文旨在"彻底批判""四人帮""在中国哲学史方面,更以儒法斗争史代替唯物主义与唯心主义两条路线的斗争史,胡说'儒法斗争贯穿两千多年,一直影响到现在'"的谬论。① 认为"汉代以后唯物主义与唯心主义的斗争不是儒法斗争",王充既不是法家,也不是儒家,而是"一个独立的唯物主义进步思想家""一个有卓越贡献的无神论者"。② 这与"文革"时期的调子完全不同。同年,张岂之发表《真孔子和假孔子》,认为王充既批判过早期儒家孔孟的学说,也批判过战国时期的法家理论:"王充的非儒饱和着自己时代的特色,主要是指向当时作为统治阶级支配思想的儒学"。③ 后来的王充研究,基本上是沿着这个调子走的。

1980年王充研究的论文有19篇,是十一届三中全会以来的第一个高峰,1981年更是达到了34篇。这与中国社会科学院世界宗教研究所、中国无神论学会、湖北省社会科学院、武汉大学、武汉水运工程学院发起召开的"中国无神论学术会议"有关。1980年10月13日至19日,上述单位在武汉水运工程学院召开了"中国无神论学术会议"。会议的议题是熊伯龙及其《无何集》、研究无神论的方法论、研究和宣传无神论的现实意义等。作为著名的无神论思想者,王充自然是关注的主要对象之一。在会上,有人认为熊伯龙继承和发展了王充以来无神论思想的优良传统,王充是黄老学派,熊伯龙是宗王充的;应该重视研究宣传和研究无神路思想。④ 该次会议的部分论文被推荐给《江汉论坛》等期刊发表。于是,1980年、1981年的《江汉论坛》《武汉大学学报(哲学社会科学版)》《社会科学辑刊》等学术期刊,就先后发表了张瑗、黎德、扬黄劭邦《中国杰出的无神论者熊伯龙——读〈无何集〉札记》,唐明邦《论〈无何集〉的思想特征和历史地位》,翟廷瑨《从人类认识史看无神论反对有神论的斗争》,孙以楷、钱耕森《熊伯龙无神论思想渊源及其历史地位》,姜国柱《论熊伯龙的无神论思想》,卢枫《关于熊伯龙和〈无何集〉的几个问题——与张瑗、唐明邦等同志商榷》,该两年的王充研究论文数量自然偏高。

1981年以后的王充研究,年发文数量,1983(16篇)、1990(19篇)、1997(19篇)不

---

① 中国无神论学术会议讨论概况.武汉水运工程学院学报,1980 (4).
② 张岱年.关于中国封建时代哲学思想上的路线斗争——批判"儒法斗争贯穿两千多年"的谬论.哲学研究,1978 (4).
③ 张岂之.真孔子和假孔子.西北大学学报(哲学社会科学版),1978 (4).
④ 同①.

足20篇,其余年份都在20篇以上。其中,1982年、1983年、1984年三年,周桂钿先生发表了9篇关于王充研究的文章,其中与冯憬远、吕鸿儒往来商榷的就有4篇,与台湾学者罗光、徐复观等商榷的1篇,评价台湾学者对王充的研究的2篇。其中,20世纪90年代以后,受中国传统文化热的影响,王充研究总体上趋于活跃,无论是研究的方法还是研究的领域,都出现了新的特征。详细情况,可以参阅申慧芬《新中国60年的王充思想研究及其历史反思》,兹不赘述。

三、王充研究的特征

根据中国知网给提供的数据和"计量可视化分析"的作者分布图来看,改革开放以来的王充研究作者涵盖了全国著名的高等院校和科研机构。作者排名前10位的分别是北京师范大学的周桂钿,绍兴文理学院的吴从祥,中共江苏省仪征市委党校的樊琪,焦作师范高等专科学校的王敬平,河南大学的韩中华,中国社会科学院文学所的孙少华、香港中文大学的王煜、兰州大学的李少惠、东北师范大学的张恩普、厦门大学的王治理、浙江工商大学的徐斌发文数量相同,并列第6。其中北京师范大学的周桂钿先生发文19篇,占15.08%。周桂钿先生是北京师范大学哲学系教授,主要研究中国传统哲学、秦汉哲学。图2中统计的19篇文章全部是篇名中含有"王充"字段的。除此之外,他还著有《王充哲学思想新探》《王充评传》《虚之辨——王充哲学的宗旨》两本关于王充的著作。[①]周桂钿先生是王充研究影响最大的学者之一。在这个作者分布中,前10名中只有两位是浙江学者。吴从祥还著有《王充经学思想研究》专著。[②]

[①] 周桂钿著有《王充哲学思想新探》(河北人民出版社,1984年)、《虚实之辨——王充哲学的宗旨》(人民出版社,1994年)、《王充评传》(南京大学出版社,2011年)等。
[②] 吴从祥.王充经学思想研究[M].北京:中国社会科学出版社,2012.

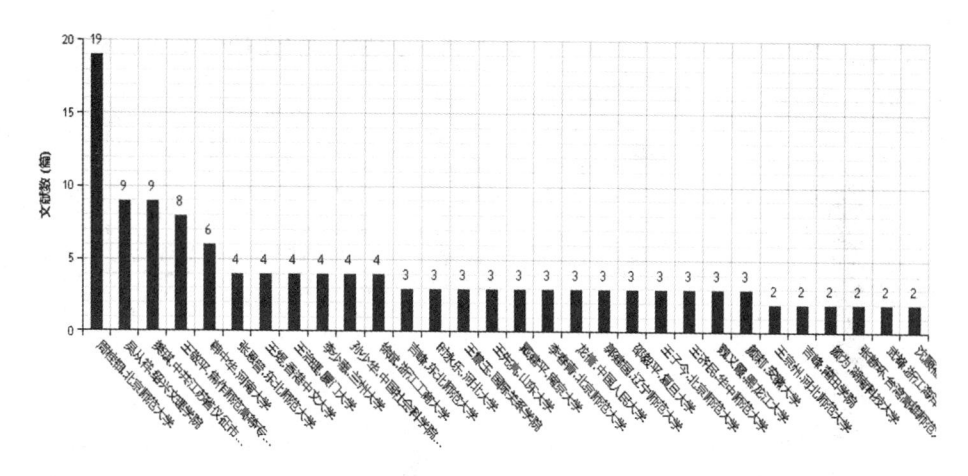

(图2)作者分布图

从发文机构分布来看,前10位的分别是北京师范大学、山东大学、北京大学、山东师范大学、东北师范大学、华中师范大学、河南大学、福建师范大学、复旦大学、中国人民大学。浙江省的高校和科研机构,仅有绍兴文理学院发文11篇,排名第18。

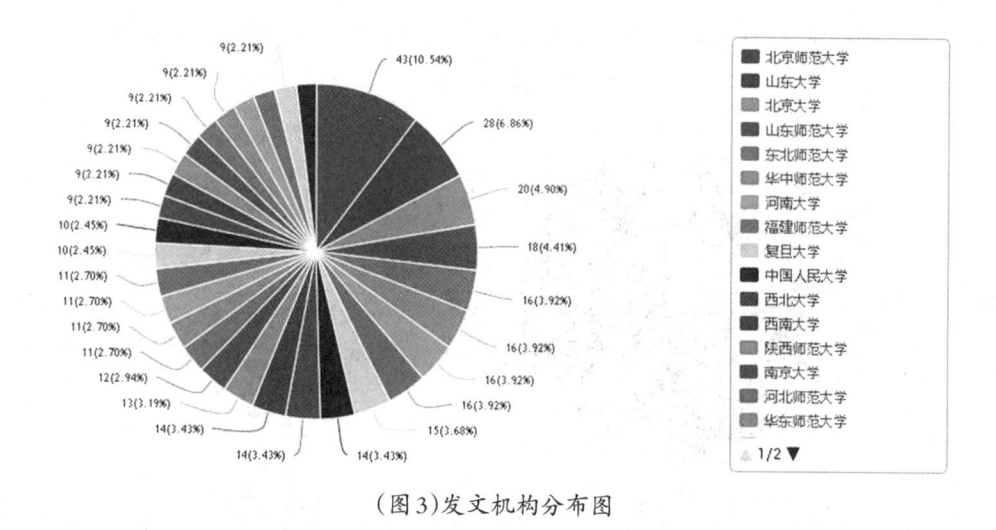

(图3)发文机构分布图

从基金分布来看,王充研究共获得51项厅级以上资助。其中有37项国家社科基金立项,体现了国家层面对王充研究的重视。省级立项2项以上的有湖南、上海、陕西。浙江生仅有1项省教委(教育厅)立项。

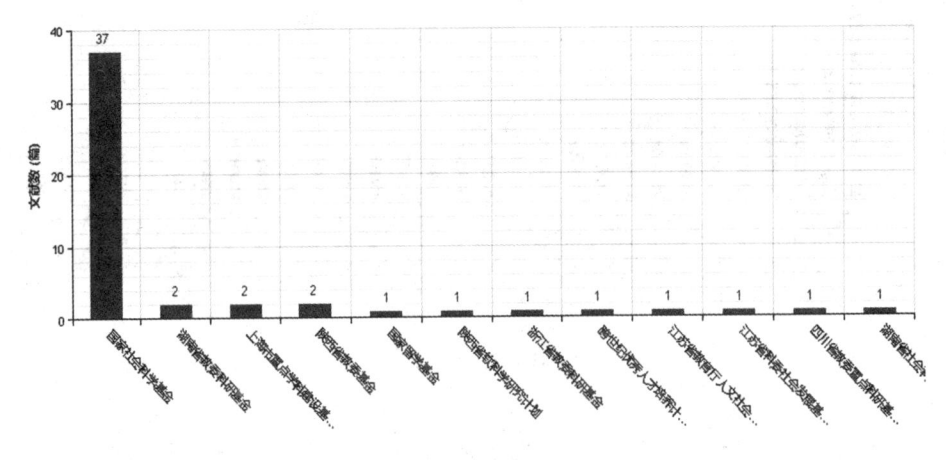

(图4)基金分布图

从学科分布来看,王充研究发文数量最多的学科是哲学,其次是中国文学、中国古代史、中国语言文字、宗教、教育理论与教育管理、中国通史、史学理论,美学,体现了王充首先是中国古代著名思想家,以及古代文史哲不分家的学科特征。

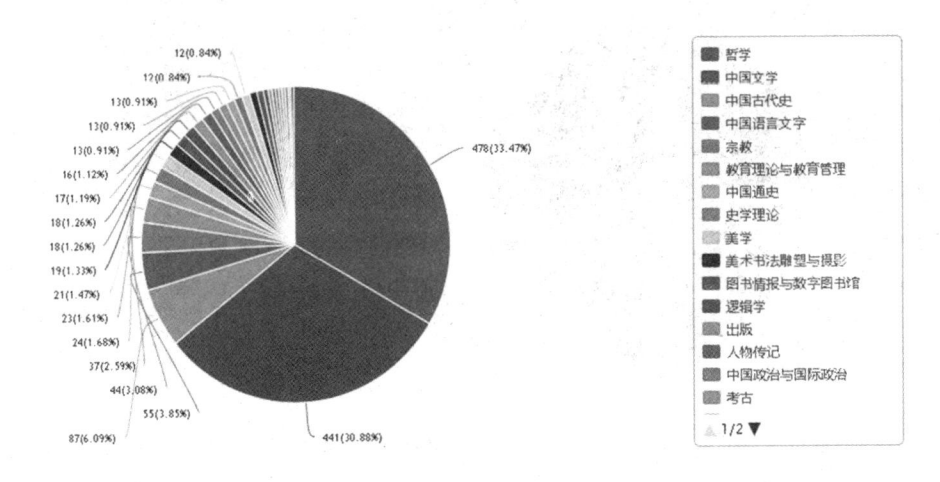

(图5)学科分布图

从文献来源来看,发表王充研究的学术期刊,以《甘肃社会科学》发文数量最多,此外依次是《哲学研究》《浙江学刊》《文史哲》《孔子研究》《社会科学辑刊》《兰台世界》《学术月刊》《北京师范大学学报(社会科学版)》。山东大学有12篇硕博论文,东北师范大学有10篇硕博学位论文,位居文献来源第3位和第8位。在这个分布图中,浙江高校和科研机构的学术期刊有3家:发文数量并列第3的《浙江学刊》,并列第7的《绍兴文理学院学报(社科版)》和并列第8的《杭州大学学报(哲学社会科学版)》。

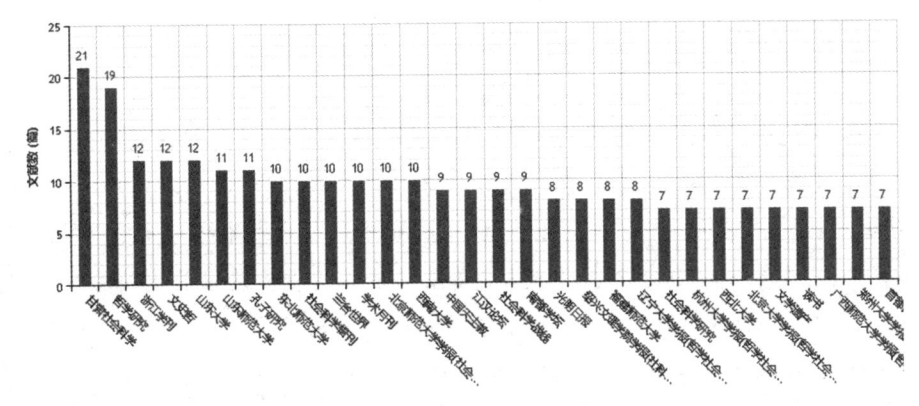

(图6)文献来源分布图

综合以上分析,我们认为,王充研究仍然以传统的文史哲学科为主,兼及教育学、管理学等学科,研究者大都分布在传统的文史哲综合实力较强的高等院校和科研机构。但是,相对于全国高校和科研机构对王充研究的重视程度而言,作为王充故乡的浙江高校和科研机构的论文数量偏少。王充不仅仅是东汉著名的思想者和学者,也被认为是浙学的源头,对浙江文化和学术的发展影响极大,王充研究应该引起浙江省相关部门的高度重视和我们浙江学者更大的关注。

略论王充的著述观

黄宛峰 （杭州师范大学）

摘　要："述而不作,信而好古"是儒家的传统观点。王充则强调要敢于"距（拒）师"、敢于思"圣人"所未思,言"圣人"所未言。他鄙视身居高官而"文德不丰"者,强调唯有著作者可"体列于一世,名传于千载",永垂不朽。他提出"文儒"的概念,在"著作者"这个意义上使用"文儒",从本质上反映出儒生"能文"的特征。王充创立的这个新概念,体现了他对儒生特质的准确把握。他充分肯定士人著书立说、标新立异的意义,肯定儒生的文化创造力,这对于当代知识分子仍有深刻的启示意义。

"述而不作,信而好古"是儒家的传统观点。作为一种口号,它在先秦由孔子提出;作为一种思维模式,它形成于独尊儒术的汉代。"述而不作"不仅对汉代以后中国最重要的学问——经学有重要规范意义,且依经立义、言必复古等传统做学问的方法均与此密切相关。在科技发展、鼓励创新的当代社会,由于种种原因,"述而不作"对学术界仍有潜在的深刻影响。

王充在汉代思想界独树一帜,《论衡》中有不少振聋发聩之说。他充分肯定士人著书立说、标新立异的意义,肯定儒生的文化创造力,这对于当代知识分子仍有深刻的启示意义。

一

　　东汉时期,儒学之盛,前所未有。光武帝刘秀是中国历史上第一位儒生出身的开国皇帝,他大力倡导儒学,继之的明帝、章帝有过之而无不及。在此过程中,儒生政治化、臣仆化的趋势愈发明显。班固对西汉中后期儒相、儒师的两段评论文字,集中概括了儒生的虚伪与卑琐。他认为,自汉武帝尊崇儒学,对士人"劝以官禄"后,从公孙弘到平晏的十余位丞相,"咸以儒宗居宰相位,服儒衣冠,传先王语,其酝籍可也,然皆持禄保位,被阿谀之讥。彼以古人之迹见绳,乌能胜其任乎!"儒家大师经说纷纭,均为利禄所驱使:"一经说至百余万言,大师众至千余人,盖禄利之路然也。"班固所言之儒相,学为儒者宗师,仕为宰相高官;"大师"则声名远播,门人云集。两者均为儒生之最,士人之极,但究其精神实质,不过追求"利禄"二字。儒相、儒师如此,天下儒生也是如此:"公孙弘以治《春秋》为丞相封侯,天下学士靡然向风矣!"为利禄而学,已成为儒生公然宣称的价值取向:"士病不明经术,经术苟明,其取青紫如俯拾地芥耳!"

　　王充与当时的士人有同更有异。与多数儒生一样,他对东汉王朝充满希望,对汉王朝的颂词甚至有谀世之嫌。他羡慕班固、贾逵等人能够奉命赋诗作文,他期待征在兰台,"蹈班、贾之迹"(《论衡　须颂》)。但他思想深处向往的是自由撰文。王充曾到京师洛阳求学,当时太学盛行章句之学。传经注重家法师承,弟子们反复记诵,恪守师训。而王充推崇的是古文经学家桓谭等人。桓谭"博学多通,遍习五经",其治学特点是"训诂举大义,不为章句",在思想方法上,颇具求实精神,常与刘歆、扬雄"辨析疑异",尤其反对当时盛行的谶纬神学。桓谭求实的治学精神,王充特别欣赏,他在《论衡》书中多次赞赏说:"(桓谭)又作《新论》,论世间事,辨照然否,虚妄之言,伪饰之辞,莫不证定。"(《超奇》)"世间为文者众矣,是非不分,然否不定,桓君山论之,可谓得实矣。论文以察实,则君山汉之贤人也。"(《定贤》)他认为"(董)仲舒之文可及,君山之论难追"(《案书》)"彼子长(司马迁)、子云(扬雄)说论之徒,君山为甲。"(《超奇》)认为舒仲其文虽奇,犹可学而及之;桓谭出语高峻,非可企及。甚至与以论说为长的太史公、扬雄相比,桓谭也是首屈一指的。他将桓谭作《新论》与孔子作《春秋》相比美:"孔子不王,素王之业在于《春秋》;然则桓君山不相,素丞相之迹在于《新论》者也。"(《定贤》)又说"质定世事,论难世疑,桓君山莫上也。"(《案书》)王充《论衡》的主旨即是"解释世俗之疑,辨照是非之理"(《对作》),与桓谭《新论》的主题如出一辙。

王充大胆提出,诸子可以正经。他甚至认为诸子之书为本,六经为末,"末失事实,本得道质"。(《论衡·书解篇》)这就将诸子置于六经之上了。尽管他的论证尚不足以服人,但他的眼光和胆识鲜有人比。他倡导儒生从狭小的经学圈子里解放出来,放眼百家学说与古今实事,在当时有很强的针对性。

王充对汉儒"好信师而是古,以为贤圣之言皆无非,专精讲习,不知难问"[1](《论衡·问孔篇》)的教条主义学风深恶痛绝。在著名的《问孔》《刺孟》《书虚》等篇中,强调要敢于"距(拒)师"、敢于思"圣人"所未思,言"圣人"所未言:"非必须圣人教告乃敢言也"。他要求对"浮妄虚伪"的"世间书传"都要"考之以心,验之以事",要用自己的头脑去思索,去发问,去辩明虚实。王充倡导辩难,并率先向五经及孔孟发难,所问虽未能也不可能触及儒家经义的根本(王充是以儒学的真正传人自居,服膺儒家学说的),但问难之本身即是对汉代儒生唯圣贤之言是从的思维方式的否定和批判,这一点对儒学的发展具有特别重要的意义。

对于儒生,王充有一个新称谓——"文儒"。王充更多是在"著作者"这个意义上使用"文儒","文儒"似乎更能从本质上反映儒生为文、能文的特征。王充创立的这个新概念,体现了他对儒生特质的准确把握。王充认为,博通的目的在于应用,"著书表文,博通所能用之也。"儒生如果不能将广博的学识用于著书立说,形成自己独特的学问,那就只是一个藏书家,"虽千篇以上,鹦鹉能言之类也。"正如入山见木,入野见草,长短大小无所不识。然而不能伐木以作宫屋,采草以和方药,所见再多也无用。(《论衡·超奇篇》)

王充所言之著作,是独具匠心的鸿篇巨制。他在《论衡》不同的语言环境中,论及著书立说时往往强调:"立义创意""兴论立说""眇思自出于胸中"(《论衡·超奇篇》)"造论"(《论衡·佚文篇》)"作奇论,造新文"(《论衡·齐世篇》)"卓绝不循"(《论衡·书解篇》)"独是之语"(《论衡·自纪篇》)归结为一点,即个性,或曰独创性。他还集中阐述道:文人或"五经六艺为文,诸子传书为文,造论著说为文,上书奏记为文,文德之操为文"。能够成就五文当中的任何一种都应当受到称赞,而造论著说的文人最应该受到嘉奖:"何则?发胸中之思,论世俗之事,非徒讽古经,续故文也。论发胸臆,文成手中,非说经艺之人所能为也"。(《论衡·佚文篇》)这种著作迥异于人云亦云的经书注释,也绝非因循守旧的"世儒"即经师所能讲授,它是在广博知识基础之上形成的精深学问,是作者心血与智慧的结晶,因而鸿儒理所当然是儒生的最高层次,最高境界。

二

对于一位知识分子来说,成为思维的精英,比成为道德精英更重要。当代学者的这一认识,对我们研究中国古代知识分子有一定的启示意义。王充针对汉代儒生在大一统专制政权下学术创造力萎缩的现实而发,重申并固化了先秦儒家的道德观,创造性地提出了"文儒"的概念,揭示了文人之"为文"的特征与功用,体现了儒生自我批判、自我更新的能力与境界。

汉代的儒生作为儒学的认识主体,并未将经学作为一种学问独立自主地进行研究,而是盲目被动地接受甚或有意神化儒经。其原因不外乎两个方面,一是先秦儒家本具有重道德轻知识的特点,儒生"笃信""笃行"道德准则而不注重对知识本身的反省与创新,儒生"日三省吾身"的只是自身道德修养是否到家而不是知识的获取与否;二是汉代儒学作为官方学术已失去了民间性及独立性格,它成为统治术而不是学问,在统治者倡导和儒生依附政治的合力下,教条主义学风笼罩着思想界。王充对儒学教条主义的批判尽管并不彻底也不深入,甚至有时显得幼稚可笑,但却从根本上否定了学术上的权威崇拜,为儒生的著书立说廓清了道路。

著书立说本属文人之事,但因孔子声称"述而不作",在尊孔重经的氛围中,汉代儒生不敢轻许著作。师古为《汉书 礼乐志》中"作者之谓圣,述者之谓明"作注谓:"作谓有所兴造也,述谓明辨其义而循行也",反映了汉代士人的心态。人们愿"循行"保身而不肯担"兴造"的政治风险。司马迁曾豪迈地宣称要"成一家之言",视《史记》为名山事业,为他生命的寄托;但又表示"余所谓述故事,整齐其世传,非所谓作也。"扬雄大气地以孟子自比,仿《周易》作《太玄》,仿《论语》作《法言》,但面对诸儒"非圣人而作经,犹春秋吴楚之君僭号称王,盖诛绝之罪"的指控,他只得极力开脱曰"其事则述,其书则作",即以自己的文辞叙述圣人之理。王充专辟《对作》为《论衡》辩解曰:五经方可谓作,"今《论衡》就世俗之书,订其真伪,辨其实虚,非造始更为,无本于前",不可谓"作"。但他在表述了这样的意思之后,又情不自禁地呐喊:"言苟有益,虽作何害?"并从正面再次强调曰:"故夫有益也,虽作无害也。"从"作"字入手,他淡化了圣人的形象。他从内心深处尊崇孔子,但他将孔子作为"道德之祖,诸子之中最卓者"(《论衡·本性篇》)看待,常称孔子为"文人""鸿笔之人""篇家";而如杨雄造《太玄》,他认为"不述而作,材疑(拟)圣人",(《论衡·对作篇》)可与圣人比肩。由此,以著书立说为切入点,王充打开了"圣人"、文人之间的通道,实际上将孔子文人化(或者说平民化),否定了汉儒习以为常的"造作为圣人专擅"的观点。

刘泽华先生曾指出:汉代的通经致用,"是'经'高于'用',即理论高于实践。实践是'经'的实现,而不是历史性的创造活动。"王充反复强调的却是:"通览者世间比有,著文者历世希然"。(《论衡·超奇篇》)儒生不应当通过著作来说明经的合理性,而应当将经书与百家之言、古今之事融会贯通,构筑自己的一家之言。在王充的观念中,儒生个人富有创意的著作是通经的最终成果或者说最终检验标准。"儒生以学问为力",(《论衡·效力篇》)儒生的学问,儒生的力量,集中体现在其精英人物奉献于社会的有补于世道人心的鸿篇巨制。儒生的文化创造力由此得到了前所未有的充分的肯定。

"太上有立德,其次有立功,其次有立言"。《左传》所载叔孙豹的"三不朽"之说,对儒生的价值取向影响非常深远。三者之中,"立言"位居最后,士人往往在功业不成的情况下才选择立言。王充本人也极其渴望能成为管仲、晏婴那样"功书并作,篇治俱为"(《论衡·书解篇》)的人物,他不屑于做州郡小吏,认为"文章滂沛"之鸿儒的最好出路是"升陟圣王之庭,论说政事之务","文力之人"宜"立之朝廷"。(《论衡·效力篇》)但"立功"的实现并不取决于士人个人的意愿与努力程度。汉代儒法表里的社会现实与儒生的政治理想有很大的距离。现实迫使一部分士人只能在"立言"中寻求自己的天地。王充在儒生、文吏之辨中认为:"世俗共短儒生,儒生之徒亦自相少。何则? 并好仕学宦,用吏为绳表也"。(《论衡·程材篇》)他批评的正是"用吏为绳表",他认为以此为标准,是舍弃了儒生之长。换言之,儒生之所长在于"论道议政"、上书奏记、造论著说这些"文"事而不是"吏"事。王充所揭示的儒生所长在"为文""能文"的道理,汉代不少儒生并未清楚地意识到。孟祥才先生在评论汉代大学者刘歆时说:"从政做官与做学问是完全不同的两个领域。刘歆所长在学问,所短在做官。"然而他恰恰舍长用短,结果导致自杀的悲剧。王充所幸是憧憬而未步入朝臣,因而得以从容完成他的煌煌巨著《论衡》。也正是在著书立说过程中不能自已的激情与成就感,他得以鄙视身居高官而"文德不丰"者,认为他们生前荣耀,但"百载之后与物俱殁,名不流于一嗣,文不遗于一札",而著作者则可"体列于一世,名传于千载",(《论衡·自纪篇》)永垂不朽。

儒家传统的观念中,进退出处有着根本的区别。儒生在朝可充分施展政治抱负,在野的"独善其身""美俗"作用就很有限,实际上是儒生的一种自我安慰而已。《论语·为政》载孔子的话曰:"〈书〉云:'孝乎惟孝,友于兄弟,施于有政。'是亦为政,奚其为为政?"孟子言"达则兼济天下,穷则独善其身"。荀子言"儒者在本朝则美政,在下位则美俗"。这种"进退"观中,"退"而以操行自守,对民众的影响力并未得到着意强调。王充倡导的"贤人之在世也,进则尽忠宣化,以明朝臣;退则称论贬说,以觉失俗"(《论衡·对作篇》)对儒家的"进退"观是一个积极的发挥。在他看来,"化民须礼义,礼义须文章",以主动"称论贬说"去"觉失俗",以文章去教化民众,"立言"在当世即可发挥积极的作用,在未来更可传流于世,泽被后人。文人之价值正在于此。他们凭借自己的文化创造影响社会,从中也实现了自己的人生价值,换取了不朽的名声。王充由此空前突出了"立言"的价值,为儒生独立地进行文化创造寻找到了一片安身立命之所。

王充著述观所表现出来的睿智、自信与勇气,值得我们去反思中国古往今来知识分子的所作所为。

参考文献:

[1] 班固.汉书[M].北京:中华书局,1962.

[2] 北京大学历史系.论衡注释[M].北京:中华书局,1979.

[3] 祝勇主编.知识分子应该干什么[C].北京:时事出版社,1999.

[4] 司马迁.史记[M].北京:中华书局,1962.

[5] 刘泽华.士人与社会——秦汉魏晋南北朝卷[M].天津:天津人民出版社,1992.

[6] 孟祥才.先秦秦汉史论[M].济南:山东大学出版社,2001.

有德必有位？
——王充《论衡·逢遇》中的政治际遇论

朱 承 （上海大学）

摘 要：王充的《逢遇》篇，在传统"德位是否相称"的问题意识下，提出自己的"逢遇"论，将士人政治际遇诉诸偶然性，批评了时人"贤人可遇，不遇，亦其自咎也"的狭隘观点，并以此来为自己政治上的"不遇"做些安慰，对当时的政治现实进行了一定的揭示，并反映了传统士人在政治命运上的被动性和不确定性，具有积极的思想史意义。王充将士人的政治际遇归结为偶然性，忽略了人的主观能动性以及实际政治中的谋虑等因素，对于政治人物的分析来说，有过于简单之嫌。另外，王充在这篇文章里没有提出对于君主及用人体制的反思，也反映了他自己对君主抱有幻想和期待的一面。

关键词：《逢遇》 德位相称 偶然性 士人

徐复观先生曾认为王充是"矜才负气"的"乡曲之士"，文辞之间颇有不屑之感。事实上，在中国传统的士大夫和读书人中，能有几人真正能够"蒙圣眷""通中枢"呢？绝大多数真正的"乡曲之士"都是籍籍无名，王充能够以文辞思想显于当时，并以《论衡》大著传于后世，也自然有其过人之处，按照章太炎先生所言："汉得一人焉，足以振耻。"[1]就"疾虚妄"之批判精神而言，王充对汉代思想是有巨大贡献的，今天我们对其思想展开解读仍有着一定的思想史意义。王充的思想非常丰富，

---
[1] 章太炎.章太炎全集(第3卷):訄书·学变.上海:上海人民出版社,1984:144.

学界已多有论述,特别是在唯物唯心两军对垒的哲学史叙事时代,王充以其挑战"天人感应"的"唯物论"思想,多为学者研究并赞誉,即使徐复观先生也不得不要"承认他的思想家的地位。"[1]本文无力对王充整体思想展开研究,仅对其《论衡》之首篇《逢遇》关于士人的人生际遇特别是政治际遇问题做一述论。

在《逢遇》里,王充首先将人以品德能力为标准大致分为两类人,一种是"才高行洁",另外一种是"能薄操浊"。这种差别,既有先天禀赋的原因,也有后天修养的原因,在哲学史上,围绕品德能力的问题,哲学家们更多关注的是其形上根源或者修养工夫的问题,但是王充关注的却是"品德能力是否与政治际遇具有正相关关系"的问题。换言之,王充感兴趣的问题是:具有较高品德能力的士人是否一定能够获得较尊显的政治地位?关于这一现实人生问题,王充的答案是:一个人的品德能力与政治际遇之间不具有必然性的关联,而是一种偶然性的关联,这种偶然性的关联就是"遇",也就是人们不得不将自己的命运交给他人(主要是君主),君主的喜好决定了士人能否得"遇",这是一种可"遇"而不可求的事务。在传统强调差等的主从对峙体制下,君主的好恶就决定了处于从属地位的臣民的政治命运。因此,这里的"遇"是单向度的,不是两个对象互相"相遇",是一方完全被动地等待另一方的选拔、青睐、奖赏。王充对这种情况的描述,应该是代表了传统中国士人的尴尬处境,这种尴尬性表现在:第一,个体的德性才能只有为君主所欣赏、使用才能实现其价值和意义,非如此,人生的价值和意义都将大打折扣,故而,"学成文武艺,货与帝王家"就成了人生得意的唯一路径,成功了就是"达",就可以"出仕",失败了就是"穷",就只能成为"处士",正如徐复观先生对王充的批评:"皇帝、朝廷,是王充精神中的理想国,是他千方百计所追求的。"[2]将个体的命运同君主的赏识关联在一起,这是传统士人的无奈;第二,个体德性才能能否被君主欣赏,在王充的时代(科举尚未举行),对于士人来说几乎完全是被动的,因为个人能否"逢遇",要依赖君主的好恶,而和真正的德性才能水平没有直接的必然关系,换句话说,基本靠运气。实际上,即使是后来的科举时代,士人的政治成功,除了士子的个人努力之外,运气、高级官吏和君主的赏识也是不可或缺的因素。在《逢遇》篇里,王充将传统士人的尴尬被动处境较为清晰地呈现出来,也展现出君主专制时代士人的无奈。

---

[1] 徐复观:《王充论考》,《两汉思想史》第2卷,第585页。
[2] 徐复观:《王充论考》,《两汉思想史》第2卷,第569页。

王充用来论证士人尴尬处境的方法是历史归纳法,也就是通过历史上的具体事例之罗列来说明其观点的恰当。在《逢遇》篇里,王充一再强调士人政治上"逢遇"的偶然性,通过不同历史事例来说明之。为了说明这种偶然性,王充先是依据德性能力和君主两个核心要素划分出两种情况,一是"异操同主"型,指的是同一个君主用不同的方式对待具有不同品德能力的人;二是"操同主异"型,指的是不同的君主用不同的方式对待具有同一品德能力的人。接着,王充又进一步具体的依据才能、君主等要素来论证"逢遇"的偶然性,列举了伊尹、箕子、孔子、孟轲、禹、稷、皋陶、虞舜、许由、太公、伯夷、商鞅、籍孺、邓通、嫫母、无盐等一系列历史人物及其事迹,来说明人生政治际遇的偶然性,并总结道:"人主好恶无常,人臣所进无豫,偶合为是,适可为上。合幸得进,不幸失之。"(《论衡·逢遇》)王充从大量历史事例中归纳出来的认识,即:君主好恶具有不确定性,士人也无法为自己的"逢遇"做好有效的准备,只能"偶合",依靠运气来获得这种偶然性的机会。这种观点,从一般士人的角度来看挺悲观,但其实这里面蕴含了这样的想法,正如王充自己说,"进者未必贤,退者未必愚",政治地位上的进退、升沉不能作为评判贤愚的标准,因此,当士人"不遇"的时候,实际上与自己有无才能无关,可能只是运气的问题,后世徐志摩在讨论爱情的时候所说"得之我幸,不得我命",大概也就是这种意思,将这种人生际遇全赋予不确定性的"命运"。当然,这可能也是王充对自己政治上失意的一种安慰,因为政治失意和德性才能并没有关系,即使政治失意,也还有德性才能足以自持并聊以自慰。

按照王充自己的说法,他的这一论断是针对世俗之议而发的,他说:"世俗之议曰:贤人可遇,不遇,亦其自咎也。"(《论衡·逢遇》)他认为,这种说法是站不住脚的,他分析说,当一个人学文时,君主喜武,而当学武时,可能君主又喜文了;当一个人具有辩才时,君主喜欢行动之士,而当成为行动之士,君主又有可能喜欢善辩之才。君主的好恶,完全不是士人们所能决定的,故而"遇"与"不遇"完全成了一个被动性、偶然性的命题。士人具备什么样的才能与君主喜欢什么样的才能,"偶合"的概率很高,历史上还是有很多有才干的人在政治上脱颖而出。王充之论,其意似不在此,而是在为那些"不遇"之士进行辩解,因为人们毕竟不能自主的操控那些被动性、偶然性的情况,所以如果"不遇"也不能归咎于没有才能、品德低下,反过来,那些"逢遇"的人也未必品行端正、能力出众。

在上述分析的基础上,王充得出关于"遇"的结论:"求物得物,作事事成,不名为'遇'。不求自至,不作自成,是名为'遇'。"(《论衡·逢遇》)而且,他进一步认为,世俗之人对于人才的评价,完全是看结果而不是看品德才能,"因不遇而毁之,是据成效、案成事,不能量操审才能也。"(《论衡·逢遇》)可见,王充撰写《逢遇》,大概有两个目的,一是分析概括"遇"的偶然性和不可预测性;二是批评时人的功利主义眼光,只看结果,而不是看人们是否真的有才能,这也是为自己"抱才而屈"所做的辩护。王充的《逢遇》篇,是具有立论、论证、结论等完整逻辑的一篇论文,全文以描述现象开始,以分析原因承接,继而以历史论据予以论证,最终得出结论。在这篇文章里,我们大概可以得出如下几点认识:

第一,王充的确揭示了中国古代政治史上的某种现象,那就是"德位不称",有德有才的人不一定能得到恰当的展现,个人的品德能力与实际所被认可的政治地位不相匹配。应该说,自古以来,这是自古以来人类政治生活中一个现象。正统儒家往往也抱怨历史上的"德位不称",类似孔子这样的圣贤,就没有得到应该有的政治地位,后人不甘,还是给孔子封了个"素王"。到了清代雍正年间,曾静还曾宣称:"皇帝合是吾学中儒者做,不该把世路上英雄做。周末局变,在位多不知学,尽是世路上英雄,甚者老奸巨猾,即谚所谓光棍也。若论正位,春秋时皇帝该孔子做;战国时皇帝该孟子做;秦以后皇帝该程、朱做。明季皇帝该吕留良做。如今却被豪强占据去了。"(《大义觉迷录》卷二)曾静的这段狂话,其实也还是传统儒学"德位相称"的翻版,是对儒家所耿耿于怀的"德位不称"问题的极端表述。实际上,如果人们能排除权力本位的思想,从思想影响力等角度来认知儒者的社会政治意义,或许就没有如此怨怼。

第二,王充解释了"德位不称"的现实原因在于士人"逢遇"的偶然性。因为在君臣关系中,君主完全占据主导性,臣民处于从属地位,只能靠运气来获得政治地位。从历史上来看,虽然隋唐以后,科举考试在很大程度上解决了这一问题,但历史的来看,在专制体制下,这种偶然性的因素依然很大。就"逢遇"的偶然性来说,王充这里将个人的发展诉诸命运,这与他总体上"疾虚妄"的理论品格是不相融洽的。冯契先生曾指出,"就社会历史观来说,虽然王充否定了董仲舒的神学目的论的天命论,却用另一种方式来讲命运不可抗拒,这就不能不是缺陷了。"[①]王充的个人命运论正是体现了冯契先生所指出的这一缺陷。

第三,王充此文批判的矛头存在着一定意义上的对象偏差问题。王充撰此篇的目的之一是批判时人对士人的评价不是"量操审才能",而只是看在现实的官场上是否成功,这是对于"才高行洁"而不"得位"之贤士的误解,这个批评显然是能成立的。然而,从思想史的角度来看,这种对时人的批评是远远不够的,或没有涉及问题的本质。就对于士人命运的不可把捉之批评而言,处理批评时人的短视以外,应该批评的还有:士人只有求官这一条上升道路来为自己正名,士人只能被动地接受君主的挑选和宠幸而完全失去自主性,而这一切都是君主专制社会对士人最大的残害。士人上升空间的狭窄与士人命运的不可自主,这是问题的实质,而这一问题的背后是君主专制的政治体制。当然,王充是认识不到这一点的,不仅王充,古代读书人能有几个认识到君主专制对于士人命运的深刻影响呢?在这一点上,我们不能苛求古人。

总体来看,王充的《逢遇》篇,在传统"德位是否相称"的问题意识下,提出自己的"逢遇"论,将士人政治际遇诉诸偶然性,批评了时人"贤人可遇,不遇,亦其自咎也"的狭隘观点,并以此来为自己政治上的"不遇"做些安慰,对当时的政治现实进行了一定的揭示,并反映了传统士人在政治命运上的被动性和不确定性,具有积极的思想史意义。然而,在这篇讨论"品德能力是否与政治际遇具有正相关关系"的短文里,王充将士人的政治际遇归结为偶然性,忽略了人的主观能动性以及实际政治中的谋虑等因素,对于政治人物的分析来说,有过于简单之嫌。另外,王充在这篇文章里没有提出对于君主及用人体制的反思,也反映了他自己对君主抱有幻想和期待的一面。

[①] 冯契.冯契文集(第五卷):中国古代哲学的逻辑发展.上海:华东师范大学出版社,2016:78.

作者简介:朱承,上海大学哲学系教授,博士生导师,华东师范大学中国现代思想文化研究所研究员,主要从事中国哲学、政治哲学的教学与研究

后 记

潘立峰 （中共绍兴市上虞区委常委 宣传部部长）

王充思想学术研讨会于10月12日—14日在浙江绍兴市上虞区隆重举行，来自全国各地的王充学术研究专家云集上虞，高举"唯物求真 改革创新"的大旗，从王充思想的各个学术层面，开展广泛而又深入的研讨，举行十场高质量的学术报告，探寻新时代改革创新发展的路径。研讨会取得了圆满成功。

本次研讨会的召开正值全国、全省上下深入学习贯彻习近平新时代中国特色社会主义思想和全国、全省宣传思想工作会议精神，庆祝改革开放40周年的关键时期，秉承深入挖掘弘扬王充思想，推动中华优秀传统文化创造性转化、创新性发展的坚定信念，作为王充故里的上虞人，以高度的政治自觉和强烈的责任担当，开启了本次王充思想学术研讨会的筹备之旅，在近一年的筹备过程中，各级领导和各位专家给予了我们莫大的关心、支持和帮助，让我们深受感动和鼓舞。关增建、周桂钿和吴光3位教授在听了我们想要筹办王充思想研讨会的想法后，不仅给予肯定和鼓励，还为研讨会的筹备给予指点。光明日报社和李春林副总编在收到我们提交的主办单位请示后，第一时间签署了同意意见，并持续给予我们指导帮助；浙江省政协主席、宣传部部长葛慧君专门对研讨会做出批示，浙江省委宣传部和来颖杰常务副部长三次听取研讨会筹备工作情况汇报；浙江省社科院、浙江省社科联多次派领导来上虞调研指导筹备工作；市委常委、宣传部部长丁如兴亲自对研讨会进行部署安排。我谨代表中共上虞区委、区人大、区政府、区政协，向关心、支持研讨会举办的各级领导、各位专家表示由衷的敬意和诚挚的感谢。

研讨会得到了各位专家的大力支持，各位专家在百忙之中，放下手中的工作，如约应邀来到上虞,参加王充思想学术研讨会,围绕"唯物求真 改革创新"的主题,坚持百花齐放、百家争鸣的学术方针,从王充的"求真、疾虚妄、批评精神","海洋意识""生态哲学思想"和王充思想"方法简论""发生原理"以及王充对"中国知识论""越文化发展"的贡献和意义等不同角度,阐述了王充思想的时代价值和现实意义,与我们分享了王充思想的最新研究成果,专家们精彩的报告,丰富了我们对王充这位伟大的思想家、唯物主义哲学家的认识,也更加坚定了我们挖掘弘扬王充思想这座精神富矿的政治自觉和责任担当,作为王充故里的上虞人,我们为虞舜大地孕育出这样一位杰出的先贤而感到骄傲和自豪。相信,通过这次研讨会,必将推动王充思想研究进入新的阶段,产生积极而深远的影响。

研讨会同时也得到了全国各地王充研究者们的积极响应和大力支持,并将自己对王充研究的真知灼见和最新成果以论文的形式递交研讨会,进一步丰富和拓展了我们王充研究的内涵和领域,在此一并表示感谢。

王充思想博大精深,意蕴丰厚,堪称人类思想宝库。我们将以本次王充思想学术研讨会为契机,不断加强王充思想的研究挖掘和传承弘扬,利用"王充与浙学研究中心"和省级社科普及基地这两大平台以及这次研讨会的研究成果,通过挖掘王充的故事传说,摄制王充主题的影视作品,编排文艺节目,绘制连环画,创设民俗活动等,着力推动王充思想走入民间大众。不断深化王充与浙江精神、王充与上虞的研究,将王充研究与浙东唐诗之路精华地的打造有机结合起来,丰富拓展王充研究的时代内涵,助推经济、文化、旅游联动发展,为"创新之区、品质之城"的打造提供更加坚实有力的文化支撑,为"文化绍兴""文化浙江"建设提供更多的上虞素材,为坚定文化自信,繁荣兴盛社会主义文化事业做出更大贡献。

我们也期望以本次研讨会为纽带,进一步密切与各位领导、各位专家以及媒体朋友们的联系和往来,携手合作,共同推动王充思想的传承发展。为此我们特意编撰出版了《经天纬地》——王充思想学术研讨会集锦一书,集合了本次研讨会的几个重要议程、领导专家的重要讲话和学术专家的研究论文,供所有王充研究专家和爱好者学习交流,也是为我们的研讨会做一总结。限于我们的经验和水平,本次研讨会尚有诸多未尽人意之处,集锦一书也有挂一漏万之憾,敬请各位谅解和包涵。

图书在版编目（CIP）数据

经天纬地：王充思想学术研讨会集锦／中共绍兴市上虞区委宣传部编. -- 北京：光明日报出版社，2019.2
　　ISBN 978-7-5194-4727-4

Ⅰ.①经… Ⅱ.①中… Ⅲ.①王充(27-约97)-哲学思想-学术会议-文集 Ⅳ.①B234.85-53

中国版本图书馆CIP数据核字(2019)第026699号

经天纬地 —— 王充思想学术研讨会集锦
JINGTIANWEIDI——WANGCHONG SIXIANG XUESHU YANTAOHUI JIJIN

编　　　者：	中共绍兴市上虞区委宣传部	
责任编辑：	王　娟	责任校对：傅泉泽
封面设计：	书道闻香	责任印制：曹　诤

出版发行：光明日报出版社
地　　址：北京市西城区永安路106号，100050
电　　话：010-67078250(咨询)，63131930(邮购)
传　　真：010-67078227，67078255
网　　址：http://book.gmw.cn
E — mail：gmcbs@gmw.cn
法律顾问：北京德恒律师事务所龚柳方律师

印　　刷：杭州万星印务有限公司
装　　订：杭州万星印务有限公司
本书如有破损、缺页、装订错误，请与本社联系调换，电话010-67019571

开　　本：	710mm×1000mm	
字　　数：	188千字	印　张：11.75
版　　次：	2019年2月第1版	印　次：2019年2月第1次印刷
书　　号：	ISBN 978-7-5194-4727-4	
定　　价：	68.00元	

版权所有　翻印必究